환난 - 성령의 인치심을 받으라

환난 - 성령의 인치심을 받으라

한의택 지음

차례

머리말   8

Chapter 1 성령   11

Chapter 2 여호와의 일곱 영   29

    하나님은 브살렐에게 하나님의 영으로 충만하게 하셨습니다.

Chapter 3 다양한 성령의 역사   43

    1 바람 같은 성령   46

    2 불같은 성령   50

    3 기름 같은 성령 - 성령의 기름 부음   56

        하나님은 어떤 사람에게 기름 붓는가?

    4 인(도장, 반지) 같은 성령   74

        - 마귀는 불화살을 쏘고 있습니다.

    5 비둘기 같은 성령   87

    6 생수 같은 성령   96

Chapter 4 이렇게 좋은 성령을 어떻게 받을 수 있는가?   105

머리말

2019년 코로나의 역병이 발생하였습니다.

방역조치의 일환으로 교회는 대면 예배를 금하였습니다. 이를 어기면 불이익을 당하고 형사 처벌이 되었습니다. 미국에서 선한목자 장로교회에 예배당 건물을 렌트하여 준 미국 교회는 문을 닫고 비대면 예배를 드리기 시작했습니다. 감사한 것은 우리들에게는 스스로 선택하여서 하라는 것이었습니다.

우리 부부는 대면 예배와 비대면 예배를 두고 깊이 기도하였습니다. 정부시책에 호응하여 대면 예배를 중단하고 비대면 예배로 전환하여야 할 것인가?

기도 중에 주님의 응답을 받았습니다.

기도 응답의 말씀은 단 한마디였습니다.

"너는 허무한 것에 굴복하지 말라."

우리는 예배를 정상으로 드렸고, 다른 교회 성도들이 집에서 비대면 예배를 드렸지만, 예배답지 못해서 저희들이 드리는 대면 예배에 참석하는 분들도 있었습니다.

이제 "코로나와 함께"라는 신조어가 생기면서 대면 예배가 다시 허용되었습니다. 그러나 교회 성도들은 못된 습성이 생겼습니다.
 주일이면 교회에 나가지 않아도 집에서 예배드려도 되는구나!
 그래서 교회 결석이 예사로워졌습니다. 쥐꼬리만 한 신앙마저도 놓치게 되었습니다.
 마귀의 전략은 성공한 것 같이 보입니다. 그러나 깨어 있는 자는 더욱 경성하게 되었습니다.

분명 이 시대는 환난의 전초 시기입니다. 이제는 성령의 인침 받은 자만이 이 환난에서 보호함을 받을 수 있습니다.
 수많은 사람들이 우리의 좌우편에서 쓰러지는 것을 보면서도 마음이 둔하여져서 깨닫지 못하고 있는 현실이 안타깝습니다.
 이 책을 통하여 성령의 다양한 역사를 깨닫고 성령의 임재 가운데 성령의 인도함을 받기를 소원합니다.

한의택 목사

Chapetr 1
성령

Chapter 1

성령

성경 다음으로 가장 많이 읽히는 책은 존 번연이 쓴 《천로역정》입니다.

당시 영국에서는 복음을 전하려면 설교할 수 있는 자격증을 받은 자가 설교를 하여야 하는데, 존 번연은 자격을 허락받지 않고 복음을 전하였고 결국 영국 황실의 미움을 받아 감옥에 수감되었습니다. 그는 감옥에서 성경을 많이 읽는 중에 성령의 영감을 받았고, 성경을 소재로 해서 《천로역정》이라는 명작을 쓴 것입니다.

그는 감옥에서 참으로 경건한 생활을 했습니다.

감옥의 간수장이 존 번연 목사의 경건한 삶에 감동을 받았습니다. 간수장은 생각했습니다.

'저분이 무슨 죄가 있어서 여기 들어 왔을까? 잘못이 있다면 영국 황실에서 잘못했겠지. 저분에겐 잘못이 없을 것이다.'

어느 날 간수장이 존 번연 목사와 면담했습니다.

"목사님! 사모님이 보고 싶지요?"
"예, 보고 싶고말고요."
"아이들도 보고 싶지요?"
"그럼요. 보고 싶지요."
"제가 특별히 외박을 시켜 드리겠습니다."
"오늘 나가셔서 집에 가서 주무시고 내일 오십시오."
"예, 참으로 고맙습니다."

간수장이 옥문을 열어 주어서 존 번연은 감옥을 나섰습니다. 집으로 가는 도중에 그의 가슴이 쿵덕 쿵덕 뜁니다. 그래서 그는 집으로 가던 발걸음을 되돌려 감옥으로 돌아왔습니다.

간수장이 깜짝 놀라 물었습니다.

"목사님, 왜 오셨습니까? 집에서 주무시고 오라고 하지 않았습니까?"

"예, 호의는 고맙습니다만 성령님이 가지 말라고 해서 왔습니다."

"성령님이 뭐라고 말씀했는데요?"

"내 가슴이 쿵덕거리고 불안합니다.

성령님이 가지 말라는 것이지요."

간수장은 섭섭했습니다. 위험을 무릅쓰고 호의를 베풀었는데 그 호의를 거절했으니 섭섭했던 것입니다. 간수장은 섭섭한 말로 말했습니다.

"그래요? 그러면 할 수 없지요. 감옥에 들어가 계세요."

조금 지나니까 황실 감찰사에서 형무소 시찰을 나왔습니다. 그리고 죄인을 죽 둘러보고 존 번연을 확인하고 돌아갔습니다.

이에 간수장은 너무 놀랐습니다.

"존 번연이 돌아왔으니 다행이지, 하마터면 나도 파면 받고 존 번연도 중형을 받을 뻔했구나."

감찰사가 돌아가고 난 뒤 간수장이 존 번연에게 왔습니다.

> "목사님, 큰일 날 뻔했습니다. 목사님이 돌아왔으니 다행이지 그렇지 않았다면 나도 파면당하고 목사님도 큰 어려움을 당할 뻔했습니다. 목사님! 이제부터는 제가 가라, 오라, 하지 않을 테니 성령님이 가라 하면 가시고 성령님이 오라 하면 오십시오!"

그리스도인은 성령을 받고 성령과 동행하고 성령의 후원을 받고 성령의 임재와 함께 성령의 지배를 받으며 살아가는 사람들입니다.

사람이 성령의 지배를 받으면 어떻게 됩니까?

성령의 지배를 받으면 하나님 나라에 대한 거룩한 꿈을 꾸기 시작합니다. 사람을 구원하기 위하여 가슴에 열정이 일어나기 시작합니다. 하나님의 마음을 이해하게 됩니다. 그래서 하나님이 원하는 말을 하게 되고, 하나님이 원하는 곳으로 가고, 하나님이 원하는 사람들을 만나게 됩니다. 성령의 지배를 받으면 거룩한 일을 사모하게 됩니다. 내 마음속에 거룩한 욕망이 생깁니다. 그리고 거룩한 인격으로 변하기 시작합니다.

이 세상에서 불쌍한 사람은 사랑을 받아보지 못한 사람입니다.

고아는 부모의 사랑을 받을 수 없는 불쌍한 사람입니다.

과부는 남편의 사랑을 받을 수 없는 불쌍한 사람입니다. 그래서 예수님 당시 고아와 과부는 가장 연약하고 고통받는 사람의 대명사였습니다.

사랑받지 못한 사람만큼이나 불쌍한 사람이 또 있습니다. 마음껏 사랑해 보지 못한 사람입니다. 자기 목숨을 내놓을 만큼 사랑을 해 보지 못한 사람입니다. 자기가 가지고 있는 시간과 정열을 다 쏟아 부으면서 사랑해 보지 못한 사람은 불쌍한 사람입니다.

여러분은 자신을 쏟아 부어도 아깝지 않은 사랑의 대상이 있습니까?

없다면 그리움과 갈망 속에서 목마름으로 살다가 끝나버릴 것입니다.

그 사랑의 대상이 부부지간이면 더없는 행복입니다. 그 대상이 국가이면 애국자입니다. 그 사랑의 대상이 예수님이면 순교자입니다. 사랑하는 사람이 행복한 사람입니다.

우리는 하나님의 사랑을 받아 누리고, 하나님을 목숨 다하여 사랑하다가 하나님 품 안인 천국으로 들어가야 합니다. 성령의 도움 없이 순교할 수 없고, 성령의 충만 없이 하나님을 목숨 다하여 사랑할 수 없습니다.

예수님은 성령을 '진리의 영'이라 했습니다.

진리는 예수 그리스입니다. 예수 그리스도의 영이 성령입니다. 또 성령을 '보혜사'라고 했습니다.

> "내가 너희에게 실상을 말하노니, 내가 떠나가는 것이 너희에게 유익이라. 내가 떠나가지 아니하면 보혜사가 너희에게로 오시지 아니할 것이요, 가면 내가 그를 너희에게 보내리니"(요 16:7).

'보혜사'란 말은 영어로 'Comforter'(위로자)입니다.
보혜사는 헬라어로 '파라클레토스'입니다. 이는 '곁에'와 '부르심'이라는 단어의 합성어입니다. 나를 불러서 나를 떠나지 않고 나와 항상 같이 계시는 분이 보혜사 성령이십니다.

'영'으로 존재하셨던 하나님이 이 땅에 육신을 입고 오셔서 사람과 함께 계셨습니다. 예수님은 육신을 가진 우리를 죄에서 구원하시기 위해 사람의 몸을 입고 이 땅에 오셔서 사람과 함께 계셨습니다. 예수님은 십자가에서 대속의 피를 흘리셨고 죽으시고 부활하셨습니다. 또 부활하신 예수님은 내려오셨던 곳 하늘로 다시 돌아가시기 때문에 이제 제자들을 직접 돌보거나 가르치실 수 없습니다. 그래서 예수님은 우리와 항상 함께하시는 예수의 영, 성령을 '보혜사'라는 이름으로 보내 주신다고 했습니다.

보혜사는 나를 떠나지 않고 나와 항상 같이 하시고 나를 돕는 예수 그리스도의 영입니다.

바울은 성령을 예수 그리스도의 영, 곧 하나님의 영이라고 하였습니다. 그리스도의 영이 없는 사람은 그리스도인이 아니라고 하였습니다.

성령이 오셔서 내 안에 내재하여 있기 때문에 우리를 그리스도인이라고 부르는 것입니다.

성령이 오시면 먼저는 내가 하나님의 아들로 다시 태어납니다.

그때부터 신분의 변화가 옵니다. 전에는 나의 소속이 세상에 속하였고 마귀에게 소속되었는데 이제 하나님에게 소속되므로 하나님이 나의 아버지가 되고 나는 하나님의 자녀가 되는 특권을 가지게 됩니다. 그리스도 안에서 새 피조물이 되는 것입니다.

성령이 내 안에 오시면 나에게는 혁명입니다. 혁명은 주인이 바뀌는 것입니다.

예수 믿기 전에 내 인생의 주인은 나 자신이었습니다. 예수를 믿고 성령을 받으면 그리스도가 내 인생의 주인이 되는 것입니다. 예수 믿고 성령이 임하면 나의 주인이 세상 신으로부터 하나님으로 바뀌게 되어 있습니다. 그런데 예수는 믿지만 내 인생의 주인은 여전히 세상 욕망에 묶여 있다면 아직 성령의 사람이 아닌 것입니다.

성령이 내 안에 오시면 그때부터 나에게는 가치관의 변화가 옵니다.

여러분은 가치관이 잘못된 사람과 한집에서 같이 사는 것이 얼마나 힘든지 아십니까?
반대로 가치관이 같은 사람과 함께 사는 것이 얼마나 편안한지 아십니까?
예수를 믿는 것은 나의 세속적인 가치관이 변화 받아서 하나님의 가치관과 같도록 하는 일입니다. 그 일을 성령이 하십니다. 그러므로 성령이 임하면 인생의 목적이 바뀝니다. 이제까지는 나 자신만을 위하여 살았는데 이제는 하나님의 나라에 대한 꿈을 꾸고, 의를 사모하고, 하나님 나라를 위해서 살게 되는 것입니다.

이와 같은 변화는 익숙한 것에서 떠나야 하기 때문에 불편합니다. 그러나 변화는 새로운 가치관을 요구합니다.

마이크로소프트 회사를 창립하여서 세계적인 거부가 된 빌 게이츠가 이런 말을 했습니다.

"나는 힘이 센 강자가 아닙니다. 그렇다고 천재도 아닙니다. 나는 날마다 변했을 뿐입니다. 그것이 성공의 비결이었습니다. 영어 Change 글자에서 G를 C로 바꾸어보십시오. 그러면 Chance가 됩니다. 기회가 됩니다."

그는 날마다 변화하다가 찬스를 잡았다는 것입니다. 계속 변화를 추구하다가 찬스를 잡았고 세계에서 가장 큰 거부가 되었습니다.

성령은 우리를 하나님의 사람으로 변화를 가져오게 합니다. 성령은 날마다 우리에게 세속에 묻히지 않고 하나님 나라에 합당한 변화를 요구합니다. 그것이 성결이고 성화입니다. 거룩한 변화입니다.

성령이 나와 함께한다는 것은 하나님이 나와 함께한다는 것입니다.

성령은 지정의 인격을 가진 완전하신 하나님이십니다.

예수가 부활하여 제자들에게 부활하신 몸을 십여 차례 보여주셨습니다. 그러나 부활하신 예수는 제자들과 함께 있다가는 바람과 함께 사라졌습니다. 제자들은 같이 있을 때는 좋은데 없으면 무엇을 해야 하나 하고 헷갈렸습니다. 그래서 예수의 제자들은 부활하신 예수를 만나고도 옛날 직업으로 돌아가서 바다에서 고기를 잡았습니다. 그 예수님이 승천하시기 전에 제자들을 모아놓고 이렇게 말씀했습니다.

"사도와 함께 모이사 그들에게 분부하여 이르시되 예루살렘을 떠나지 말고 내게서 들은 바 아버지께서 약속하신 것을 기다리라 요한은 물로 세례를 베풀었으나 너희는 몇 날이 못 되어 성령으로 세례를 받으리라 하셨느니라"(행 1:4-5).

그로부터 10여 일이 지나서 오순절이 되었습니다. 오순절 날에 마가의 다락방에 모여서 기도하던 120여 명의 성도들에게 하늘로부터 성령이 임하였습니다.

바람 같은 성령으로 임했습니다. 불같은 성령으로 임했습니다. 성령이 위로부터 강력하게 임했습니다. 그들이 다 성령으로 충만하게 되었습니다. 성령을 받은 제자들은 옛날 직업으로 돌아가지 않았습니다. 땅끝까지 이르러 예수의 증인으로서 살았습니다. 그들의 삶에 변화가 왔습니다. 이제는 삶의 가치가 바뀌었습니다. 삶의 목적이 바뀌었습니다. 성령 받은 사람의 가치와 목적은 오직 하나님 나라였습니다.

성령 받은 다음 단계는, 진리를 행하며 살아가야 합니다.

부활하신 주님이 제자들에게 성령을 받으라고 명령하셨습니다. 그리고 승천하시기 직전에 다시 성령에 대해서 언급하셨습니다.

"성령이 임하면 너희가 권능을 받고 예루살렘과 유대와 사마리아와 땅끝까지 이르러 나의 증인이 되리라."

성령 받고 권능이 임했습니다. 방언이 열리고 예언이 임하고, 병든 자에게 손을 얹으면 병이 낫고 예수 이름으로 귀신을 명하니 귀신이 떠났습니다. 이제 거기에서 머물면 안 됩니다. 예수 증인의 삶을 살아야 합니다.

성령은 자의로 말하지 않습니다.

"그러하나 진리의 성령이 오시면 그가 너희를 모든 진리 가운데로 인도하시리니 그가 자의로 말하지 않고 오직 듣는 것을 말하시며 장래 일을 너희에게 알리시리라"(요 16:13).

"그가 자의로 말하지 않고"

원문의 뜻은 자기 마음 내키는 대로 말하지 않고 함부로 말하지 않는다는 것입니다. 그런데 성령 받았다는 그리스도인들이 함부로 말하고 있습니다.

아무 때나 분노의 말을 터뜨린다면 함부로 말하는 것입니다.
어디서나 감정의 말만 내뱉는다면 함부로 말하는 것입니다.
후회할 말을 하는 것은 함부로 말하는 것입니다.

왜곡하여 전하는 것은 함부로 말하는 것입니다.

모함하고 험담을 일삼는 것은 함부로 말하는 것입니다.

없는 말을 지어내고 거짓말하는 것 역시 함부로 말하는 것입니다.

성령의 사람은 절대로 함부로 말할 수 없습니다.

"선한 사람은 그 쌓은 선에서 선한 것을 내고 악한 사람은 그 쌓은 악에서 악한 것을 내느니라"(마 12:35).

악한 말을 하는 사람, 험담하는 사람, 결코 성령의 사람이 아닙니다. 마음에 가득한 것이 입으로 나오는데 악한 사람은 그 쌓은 것에서 악을 품어냅니다. 그 뿌리는 악령에 근거합니다.

성령 충만은 하루아침에 이뤄지는 것이 아닙니다.

성령 충만이 하루아침에 되어진다면 자기 등에 기름을 준비하지 못했던 미련한 다섯 처녀가 기름을 사러 갈 필요가 없습니다.

성령 충만이 하루아침에 되지 않기에 날마다 기도하며 날마다 말씀을 묵상하며 날마다 선을 행하며 깨어 있어야 합니다.

마귀가 믿는 자들을 속이는 것이 있습니다.

"너는 목사이니까 성령 충만이야!"
"너는 장로이니까 성령 충만이야!"
"너는 교회 30년 다녔으니까 성령 충만이야!"

성령의 충만은 직분과 관계가 없고, 예수 믿은 연륜과도 관계가 없습니다.

"깨어 있어라!"

밤잠 안자고 깨어있으라는 말씀입니까?
말씀과 기도로 깨어 있고 옳은 행실로 깨어 있어야 합니다.
말씀과 기도로 깨어 있으면 회개가 이뤄집니다.
역으로 말하면 기도하지 않는 자는 회개가 온전히 이뤄지지 않은 자이고, 기도하지 않으면 성령 충만을 받을 수 없다는 것입니다.
모든 은사와 능력도 기도로 받습니다. 마음을 하나님께 물 쏟듯 쏟고 내 생각이 예수의 영, 성령에게 붙잡혀야 합니다. 믿는 자들은 <u>예수에게 미쳐야 합니다.</u> 예수에게 미치는 자가 성령 충만을 받을 수 있습니다.

성령 충만이라는 개념은 숫자의 개념이 아닙니다.

　성령 충만은 침례를 생각하면 됩니다. 침례(Baptize with water)는 물속에 완전히 잠기는 것입니다.
　성령 충만은 내가 성령 안에 완전히 들어가는 것입니다(Baptize with Holy Spirit). 성령 침례의 상태가 곧 성령 충만입니다.
　성령 충만함을 받으라(Be filled with the Holy Spirit).
　그릇에 물이 가득하게 채워진 상태가 충만입니다. 충만한 상태에서는 조금만 움직여도 넘쳐흐릅니다. 성령이 충만한 상태에서는 내 입의 말이 곧 영이요 한 번만 기도하여도 응답이 됩니다. 한 번 말하면 은혜가 있습니다. 사랑이 나옵니다. 진리가 넘쳐흐릅니다.
　성령 충만의 반대는 성령 소멸입니다.

　　"성령을 소멸치 말며"(살전 5:19).

　　"성령의 불을 끄지 말라"(Do not put out the Sprit's fire).

성령을 소멸하는 것은 성령의 감동을 '아니오' 하고 거절하는 것이고 불순종하면 성령의 불이 꺼집니다.

죄 문제가 해결되지 않을 때 성령이 소멸됩니다.

성령의 사람 다윗이 죄를 지었을 때, 다윗 안에 있는 하나님의 성령은 슬퍼하셨습니다. 다윗은 성령의 탄식을 느끼면서 통곡하며 회개하였습니다.

내 속에 무엇이 충만합니까?

악이 충만하면 입만 열면 저주와 악독이 나옵니다.

내게 분노가 충만하면 입만 열면 혈기와 짜증만 납니다.

내 안에 있는 예수의 영은 사람을 미워하지 않습니다.

내 안에 있는 예수의 영은 사람을 정죄하지 않습니다.

내 안에 있는 예수의 영은 사람과 화목하고 하나님과 화목합니다.

Chapter 2
여호와의 일곱 영

Chaper 2

여호와의 일곱 영

하나님은 브살렐에게 하나님의 영으로 충만하게 하셨습니다.

성령에 대한 다른 별명이 여호와의 일곱 영입니다.

성령의 역사가 다양하고, 성령의 역사가 강력하기에 완전수인 하나님의 일곱 영으로 언급하였습니다. '하나님의 일곱 영'은 요한계시록에서 언급하였으나 구체적으로 무엇이 여호와의 일곱 영인지는 밝히지 않았습니다(계 1:4, 3:1, 4:5, 5:6).

이사야는 여호와의 영을 6가지 언급하였고, 바울이 에베소서에서 계시의 영을 말했습니다.

"그의 위에 여호와의 영 곧 지혜와 총명의 영이요 모략과 재능의 영이요 지식과 여호와를 경외하는 영이 강림하시리니"(사 11:2).

여호와의 영(the spirit of the LORD)

1) 지혜(wisdom)

2) 총명(understanding)

3) 모략(counsel)

4) 재능(might)

5) 지식(knowledge)

6) 여호와를 경외하는 영(fear of the LORD)

7) 계시의 영(spirit of wisdom and revelation)

"우리 주 예수 그리스도의 하나님, 영광의 아버지께서 지혜와 계시의 영을 너희에게 주사 하나님을 알게 하시고"(엡 1:17).

바울이 에베소 성도들을 향하여 기도하면서 지혜와 계시의 영을 구하는 이유는 하나님을 알게 하기 위함입니다.

우리가 하나님을 알아야 하는데 하나님을 모르기 때문에 하나님을 믿을 수가 없습니다. 하나님을 알면 하나님을 믿지 않을 수가 없습니다.

바울은 하나님 아는 지식이 가장 고상한 지식이라고 했습니다.

솔로몬은 여호와 아는 지식이 지혜의 근본이라고 했습니다.

계시(Revelation)는 하나님이 '열어서 보여준다'는 뜻입니다.

연극을 할 때 무대가 막으로 가려져 있습니다. 연극이 시작되면 막이 열립니다. 막이 열리면서 무대의 등장인물과 조명과 무대 안에 있는 모든 것을 볼 수 있습니다.

우리는 하나님이 계시하여 주는 만큼, 보여주는 것만큼 알 수 있습니다.

하나님은 만물을 통하여 하나님을 알도록 계시하였습니다. 하나님이 창조한 만물에 하나님의 신성이 계시되어 있습니다.

"창세로부터 그의 보이지 아니하는 것들 곧 그의 영원하신 능력과 신성이 그가 만드신 만물에 분명히 보여 알려졌나니 그러므로 그들이 핑계하지 못할지니라"(롬 1:20).

성경은 하나님의 계시의 방편입니다. 하나님은 성경을 통하여 자신을 계시하였습니다. 성경을 읽으면 하나님을 알 수 있도록 하였습니다. 성경은 만 가지로 기록하였다 했습니다. 그 뜻은 어린아이도 읽으면 깨닫고, 무식하여도 깨닫고, 누구든지 읽으면 깨닫게 되어 있습니다. 그러므로 유치원 다니는 꼬마가 하나님 믿지 않는 아버지보다 하나님에 대해서는 더 많이 알고 믿음도 더 큽니다. 어떤 사람은 계시의 영이 풍성하여서 하나님을 깊이 압니다. 어떤 사람은 깜깜합니다.

<u>귀신도 하나님을 알고 있습니다. 그런데 그 귀신은 우리와 하나님 사이를 이간시켜서 하나님에 대한 바른 지식을 갖지 못하게 합니다.</u>

창세기 3장에 보면 사탄이 하와를 찾아왔습니다. 그리고 이렇게 말합니다.

"하나님이 참으로 너희더러 동산 모든 나무의 실과를 먹지 말라하더냐?"

"아니다. 동산 중앙에 있는 실과만 먹지 말라 했다. 그것을 먹으면 정녕 죽으리라 했다."

"너희가 그 동산 중앙에 있는 실과를 먹어도 죽지 않는다. 너희가 그것을 먹는 날에는 너희 눈이 밝아져서 하나님과 같이 되어진다. 그래서 먹지 말라 했다."

사탄이 소개한 하나님은 거짓말하는 하나님입니다. 인간을 시기하고 질투하는 하나님입니다.
사탄 마귀 귀신은 인생들로 하여금 하나님에 대한 바른 지식을 갖지 못하게 합니다. 하나님과 우리 사이를 이간질합니다. 예수 그리스도의 구속 사역을 방해합니다. 사람으로 하여금 죄짓게 합니다. 그러므로 귀신에게 속으면 아니 됩니다.

여호와의 일곱 영은, 지혜, 총명, 모략, 재능, 지식, 여호와 경외하는 영 그리고 계시의 영입니다.

> 하나님은 브살렐에게 하나님의 영으로 충만하게 하셨습니다.(출 3:1)

성막을 만든 브살렐은 지혜와 총명 그리고 지식과 재능의 영을 받아서 하나님이 모세에게 보여 준 모형대로 성막 안의 모든 성물들을 만들 수 있었습니다.

하나님이 보여주신 성막의 양식은 모세의 머릿속에 생생한 기억으로 남아 있었습니다. 그러나 성막의 모든 성물들을 모세 자신이 다 만들 수는 없습니다. 다른 사람이 모세를 도와야 하는데 모세가 받은 그 계시의 영감과 성막을 만드는 사람의 영감이 같아야 합니다. 그 영감을 받은 사람이 브살렐입니다.

"모세가 이스라엘 자손에게 이르되 볼지어다 여호와께서 유다 지파 훌의 손자요 우리의 아들인 브살렐을 지명하여 부르시고 하나님의 신을 그에게 충만케 하여 지혜와 총명과 지식으로 여러 가지 일을 하게 하시되 공교한 일을 연구하여 금과 은과 놋으로 일하게 하시며 보석을 깎아 물리며 나무를 새기는 여러 가지 공교한 일을 하게 하셨고"(출 35:30-33).

하나님으로부터 지혜와 총명 그리고 지식과 재능의 영을 받은 브살렐에 의하여 만들어진 것은 다음과 같습니다.

조각목에 철을 입힌 번제단을 만들었습니다.
동으로 물두멍을 만들었습니다.
조각목에다 금을 입힌 떡상과 향단을 만들었습니다.
금을 쳐서 만든 금 등대를 만들었습니다.
조각목에 금을 입힌 법궤를 만들었습니다.
열두 보석이 박힌 대제사장 의복을 만들었습니다.

브살렐은

나무를 자유롭게 다루는 목수이며
철과 동을 다루는 제련사이며
금과 보석을 다룰 수 있는 세공 기술자이며
옷을 다루는 재단사였습니다.
거기에다 하나님은 그를 돕는 사람들을 붙여주셨습니다.

우리가 자녀들을 위한 기도에 지혜와 지식, 총명과 재능의 영을 구하고 여호와 경외하는 영을 구하고 목회자를 위해서는 지혜와 계시의 영을 구하여야 합니다.

브살렐은 훌의 손자 우리의 아들이라고 했습니다.

훌은 이스라엘 백성이 광야에 있을 때 모세를 도왔던 사람입니다.

모세의 인도로 이집트에서 탈출한 이스라엘 백성이 광야에서 아말렉 족속과 싸우는데 모세가 산 위에서 손을 들면 이스라엘이 이기고 그 손이 피곤하여 내려가면 아말렉이 이깁니다.

그래서 모세의 한쪽 팔은 아론이 잡고, 다른 한쪽 팔은 훌이 잡아서 하루 종일 모세의 손이 내려오지 않도록 하였습니다.

훌은 모세를 도와서 이스라엘로 승리하게 한 사람입니다. 이 사람이 그 이후에, 성경에 나타나지 않습니다. 주석가들은 해석하기를 모세가 시내 산에서 율법을 받아 내려올 때 이스라엘 백성은 아론을 중심해서 금송아지를 만들었다고 했습니다.

아론이 왜 이렇게 쉽게 변절되었습니까?

그때 훌이 선동하는 백성을 저지하였습니다.

"금송아지 만들지 말라. 하나님을 반역하는 죄를 짓지 말라."

그때 훌은 폭도들에게 돌에 맞아 죽은 것으로 해석하고 있습니다. 아론은 그 모습을 보고 민중의 힘에 굴복당하여 금송아지를 만들었습니다. 하나님은 그렇게 순교한 훌을 기억하고 그의 손자 브살렐에게 하나님의 영, 성령을 충만하게 하였습니다. 그리고 모세가 받은 계시의 영을 그에게도 주어서 성전에서 사용하는 각종 기구를 만드는 재주와 총명을 주신 것입니다.

훌은 모세를 도와서 하나님의 일을 한 사람입니다. 그 훌의 손자 브살렐에게 하나님은 지혜와 총명과 온갖 것을 다 만들 수 있는 재능의 영을 주어서 모든 공교한 일을 할 수 있도록 하였습니다.

또 솔로몬 왕에게는 지혜와 총명의 영을 주셨습니다.

"하나님이 솔로몬에게 지혜와 총명을 심히 많이 주시고 또 넓은 마음을 주시되 바닷가의 모래같이 하시니, 솔로몬의 지혜가 동양 모든 사람의 지혜와 애굽의 모든 지혜보다 뛰어난지라"(왕상 4:29-30).

지혜(호크마)는 명철, 학식, 기술, 삶의 모든 영역에 대한 통찰력입니다.

총명(테부나)은 폭넓은 이해력입니다.

"주를 두려워하는 것이 지혜의 시작이요 거룩한 것들을 아는 것이 명철이니"(KJV 잠 9:10).

지혜의 시작은 하나님을 두려워하는 것에서부터이며 명철은 거룩한 것들을 아는 것입니다.

많은 정보를 모으는 것도 중요하고 그 분야에 합당한 지식을 축적하는 것도 중요하지만, 그 지식과 정보를 분석하여 올바른 결정을 내리는 것이 더 중요합니다. 그것이 지혜와 총명입니다.

지혜와 총명은 하나님을 두려워하는 것에서부터 시작하며 거룩한 것들을 아는 것에서 시작합니다.

한국에서는 자녀들의 학업을 위해서 족집게 과외를 하고, 조기 유학을 하고, 난리를 치지만, 세계의 인재들과 겨루어 우리의 아이들이 탁월함을 갖기 위해서는 인간의 힘만으로는 불가능합니다.

"하나님 아버지, 우리 아이들이 하나님의 지혜와 총명으로 충만하게 하소서!" 하고 기도하는 것이 우선입니다.

한국 부모들이 갈 길은 하나님을 믿는 길이 최우선입니다.

공산주의의 혁명 정권을 제외하고는 어느 나라이든 지혜 총명이 있는 사람을 우대합니다.

알렉산더나 칭기즈칸이 세계를 정복하였지만, 어디를 가서든지 기술자와 학자들은 절대로 죽이지를 않고 우대하여서 국가 발전의 원동력으로 사용하였습니다.

Chapter 3

다양한 성령의 역사

Chaper 3

다양한 성령의 역사

성령의 역사는 너무나 다양합니다. 다양한 성령의 역사를 설명하기 위하여 예수님은 가현 세상에 있는 것을 예로 들어서 설명했습니다.

1. **바람 같은 성령** - 성령을 바람에 비유했습니다.
2. **불같은 성령** - 성령을 불에다 비유했습니다.
3. **기름 같은 성령** - 성령을 기름에다 비유했습니다.
4. **인 같은 성령** - 성령을 도장으로 찍어 보증하는 것에 비유했습니다.
5. **비둘기 같은 성령** - 성령을 온유와 섬김으로 비유했습니다.
6. **생수 같은 성령** - 내 안에서 솟아 나는 기쁨과 많은 사람에게 주는 영향력으로 설명했습니다.

1. 바람 같은 성령

"오순절 날이 이미 이르매 저희가 다 같이 한 곳에 모였더니 홀연히 하늘로부터 급하고 강한 바람 같은 소리가 있어 저희 앉은 온 집에 가득하며 불의 혀같이 갈라지는 것이 저희에게 보여 각 사람 위에 임하여 있더니 저희가 다 성령의 충만함을 받고 성령이 말하게 하심을 따라 다른 방언으로 말하기를 시작하니라"(행 2:1-4).

오순절 마가의 다락방에 임한 성령은 바람 같은 성령으로 임하였고 불같은 성령으로 임하였습니다.

성령은 히브리어로는 '루아흐'입니다. 영(ruach 루하흐)은 바람, 숨, 호흡 등의 뜻으로 번역되었습니다. 사람의 영도 루아흐이고 성령도 루아흐이고 바람도 루아흐입니다.

성령은 헬라어로는 '푸뉴마'라고 합니다.

부활하신 주님이 승천하시기 전에 제자들을 향하여 "숨을 내쉬며 성령을 받으라"(요 20:22)고 하였습니다. 성령은 곧 하나님의 숨결이고 하나님의 바람입니다.

하나님의 숨결은 우리의 삶에서 상처 난 심령의 아픔을 보듬어 쓰다듬고 어루만져 주십니다. 내 마음의 깊은 상처를 바람 같은 성령으로 스치며 위로하시고 소망을 주십니다.

현대인들이 많이 앓고 있는 우울증은 마음의 상처에서부터 시작됩니다. 아무도 나를 이해하여 주는 이 없고, 그 누구도 내 마음의 아픔을 보듬을 수 있는 사람이 없습니다. 그러나 사람의 깊은 아픔과 마음의 생각을 아시는 분은 하나님이십니다.

내가 그 분 앞에서 울고 기도할 때, 말씀을 묵상할 때 하나님은 바람 같은 성령으로 부드럽게 임하십니다. 그 바람은 내 마음의 근심을 몰아가고 나의 아픔을 치유하며 위로와 소망을 주십니다. 그리고 숨, 호흡은 모든 살아있는 것의 생명의 근원입니다.

하나님이 사람을 창조할 적에 흙으로 사람을 만드시고 그 코에 생기를 불어넣었습니다. 그 생기가 곧 바람이고 영입니다. 죽은 시체 같은 사람 속에 생기가 들어가니 살아있는 생령이 되었습니다. 살아있는 사람이 되었습니다(창 2:7).

바람은 눈에 보이지 않습니다. 그러나 바람이 나뭇가지를 흔듭니다. 더 강한 바람을 태풍이라고 합니다. 태풍은 바다를 뒤집어 놓습니다. 태풍에 집들이 무너지고 나무가 뽑힙니다. 바람은 큰 힘을 가지고 있습니다.

성령의 역사는 강력합니다. 그러므로 바람 같은 성령이라고 합니다. 바람은 생동하는 역사의 상징이요 힘과 능력의 상징입니다.

욥은 "전능자의 기운(입김, 바람)이 나를 살리셨느니라"(욥 33:4) 했습니다

바람 같은 성령이 임하면 내 마음속에 있는 메케한 매연 같은 것, 안개와 같이 덮여있는 것, 내 속에 있는 흑암의 세력을 다 몰아냅니다.

성령의 바람은 세속 문화의 바람, 유행하는 바람, 인간을 파멸시키는 바람, 인본주의의 바람을 몰아내고 거룩함과 여호와 경외함과 정결함으로 우리를 새롭게 합니다.

오순절에 마가의 다락방에 120여 명의 제자들이 모여서 기도하고 있었습니다. "홀연히 하늘로부터 급하고 강한 바람 같은 소리가 있어 저

희 앉은 온 집에 가득했습니다." 그 바람은 동쪽에서 불어온 맞바람도 아닙니다. 남쪽에서 불어온 열풍도 아닙니다. 서쪽에서 불어온 하늬바람도 아닙니다. 북쪽에서 불어온 한풍도 아닙니다. 그 바람은 하늘로부터 왔다고 하였습니다. 바람이 와서 지나가 버린 것이 아닙니다. 그곳에 머물며 각 사람 위에 충만으로 머물렀습니다.

 살아있으나 실상은 죽은 것 같은 우리에게 바람 같은 성령이 임하면 내 영이 살아납니다. 새 생명의 역사가 나타납니다. 능력이 나타납니다.

2. 불같은 성령

오순절 마가의 다락방에 임한 성령은 불같은 성령으로 임했습니다. 불의 혀같이 갈라진 것이 각 사람 위에 있었다고 했습니다(행 2:3).

불같은 성령은 3가지 면에서 생각할 수 있습니다.

1) 불은 뜨겁습니다.

예수는 사람마다 불같은 성령 받기를 소원하였습니다.

"내가 불을 땅에 던지러 왔노니 이 불이 이미 붙었으면 내가 무엇을 원하리요"(눅 12:49).

불같은 성령은 나의 심령을 뜨겁게 하여 복음에 대한 열정을 가지게 합니다.

불같은 성령은 심령을 뜨겁게 하고 하나님에 대한 열심을 품게 됩니다.

하나님은 열정이 있는 자를 쓰십니다. 모세는 120세가 되어도 그 민족을 가나안으로 인도하여야 하는 사명의 열정이 식지 아니했습니다. 사람도 열정이 다 식어버리면 은퇴하여야 합니다. 하나님의 손에서 끝까지 쓰임 받기를 원한다면 나이가 들고 육체는 쇠약하여지더라도 하나님 사모하는 열정이 있어야 합니다.

엘리야는 그 누구보다도 하나님에 대한 열심히 유별하다 하였습니다.

"엘리야가 그곳 굴에 들어가 거기서 머물더니 여호와의 말씀이 그에게 임하여 이르시되 엘리야야 네가 어찌하여 여기 있느냐 그가 대답하되 내가 만군의 하나님 여호와께 <u>열심이 유별하오니</u> 이는 이스라엘 자손이 주의 언약을 버리고 주의 제단을 헐며 칼로 주의 선지자들을 죽였음이오며 오직 나만 남았거늘 그들이 내 생명을 찾아 빼앗으려 하나이다 여호와께서 이르시되 너는 나가서 여호와 앞에서 산에 서라 하시더니 여호와께서 지나가시는데 여호와 앞에 크고 강한 바람이 산을 가르고 바위를 부수나 바람 가운데에 여호와께서 계시지 아니하며 바람 후에 지진이 있으나 지진 가운데에도 여호와께서 계시지 아니하며 또 지진 후에 불이 있으나 불 가운데에도 여호와께서 계시지 아니하더니 불 후에 세미한 소리가 있는지라 엘리야가 듣고 겉옷으로 얼굴을 가리고 나가 굴 어귀에 서매 소리가 그에게 임하여 이르시되 엘리야야 네가 어찌하여 여기 있느냐 그가 대답하되 <u>내가 만군의 하나님 여호와께 열심이 유별하오니</u> 이는 이스라엘 자손이 주의 언약을 버리고 주의 제단을 헐며 칼로 주의 선지자들을 죽였음이오며 오직 나만 남았거늘 그들이 내 생명을 찾아 빼앗으려 하나이다"(왕상 19:9-14).

엘리야는 불같은 성령을 받은 사람입니다. 그는 갈멜산에서 바알 선지자 450명과 불로 대결하였습니다. 하늘에서 내린 불로서 승리한 엘리야는 백성을 동원하여 바알 선지자 450명을 기손 시냇가로 끌고 가서 그들을 처단하는 열심이 있었습니다. 여호와 하나님에 대한 그의 열심은 유별하였습니다.

2) 불은 태웁니다.

"우리 하나님은 소멸하는 불이시니라"(히 12:9).

이사야 선지자가 기도하는 중에 천사가 내려와 성전 제단에 제물을 태우는 숯불을 집게로 집어 와서 이사야의 입에 대면서 말합니다.

"보라 이것이 네 입에 닿았으니 네 악이 제하여졌고 네 죄가 사하여졌느니라"(사 6:6-7).

불이 있어야 내 안의 죄가 태워지고 회개의 역사가 나타납니다.
불이 있어야 음란 문화, 폭력문화, 타락한 도덕성이 소멸되어 버립니다.
이 땅의 진정한 개혁은 하나님의 불로써만 가능합니다.

갈멜산의 엘리야의 제단에 하늘로부터 온 불은 나무와 돌, 흙과 물 모두를 태웠습니다. 성령의 불이 임하면 우리 속에 있는 모든 죄의 찌꺼기가 청소됩니다

성령의 불이 내 가슴을 뚫고 지나가면 부패한 생각들은 견디지 못하고 타 없어질 것입니다. 성령의 불은 내 죄악을 소멸하는 불입니다.

"내 말이 불같지 아니하냐. 바위를 쳐서 부스러뜨리는 방망이 같지 아니하냐"(렘 23:29).

우리 속에는 죄의 찌꺼기가 남아 있습니다.

사람을 미워하고, 자만하고, 거만하고, 교만하고, 탐욕이 있고, 다른 사람을 향한 저주가 남아 있습니다. 불같은 성령이 임하면 이런 것들이 소멸되기 시작합니다.

3) **불은 빛을 동반합니다.**

빛은 어둠을 소멸시킵니다. 그리고 빛이 있으므로 사물의 존재가 보이기 시작합니다.

엑스광선은 1895년 독일의 물리학자 빌헬름 콘라드 뢴트겐(Wilhelm Conrad Röntgen)이 발견하였습니다. 엑스광선으로 사람의 속을 수술하지 않고 투명하게 들여다볼 수 있게 되었습니다. 엑스광선은 많은 방면에 실용적으로 쓰이지만 특히 의학계에서 큰 공헌을 하여 환자에게서 병의 근원을 알 수 있게 되었습니다.

신앙에서 엑스광선은 무엇일까요?

성령의 빛입니다. 성령이 빛으로 임하니 내 속에 감춰진 죄와 허물이 다 보입니다. 성령은 죄를 지적합니다. 그래서 회개가 이뤄집니다. 참된 회개는 성령의 도움으로 이뤄지는 것입니다. 처음 회개는 내 입술에 붙은 회개를 합니다. 그러다 성령이 임하면 성령이 내 죄를 깨우쳐주시고 깊은 회개가 이뤄지도록 역사합니다.

불같은 성령을 사모하고 불같은 성령을 받아야 합니다. 불같은 성령을 받으면 하나님에 대한 열정이 유별하고, 내 안에 죄가 소멸되고, 빛으로 임재하여서 내 안에 있는 어둠이 소멸됩니다.

3. 기름 같은 성령 – 성령의 기름 부음

하나님은 역사를 운행하시고 하나님의 뜻을 이루기 위해서 하나님의 사람을 세우시는데, 그 방법이 기름 같은 성령의 임재입니다. 하나님의 역사는 하나님이 직접 운행하지 않습니다. 하나님의 역사는 사람을 세우고 그 사람으로 하여금 역사를 운행하게 합니다.

사람 자체는 자기 앞가림의 문제도 해결 못합니다. 그런데 그런 사람이 어떻게 역사를 개혁하고 하나님의 나라를 건설할 수 있겠습니까? 오직 성령의 임재와 기름 부음의 능력입니다.

귀신에게 묶이면 영혼도 육체도 묶이고 망가집니다. 자기 스스로 풀고 나올 수 없습니다. 이 속박을 풀어주는 능력이 성령의 기름 부음입니다.

성령의 기름 부음을 받으면 상처 난 다른 사람의 심령을 만지고 치유

할 수 있습니다.

성령의 기름 부음을 받으면 가정을 거룩한 가정으로 세울 수 있습니다.

성령의 기름 부음을 받으면 교회를 건강한 교회로 세워서 모든 믿는 자들을 하나님 나라의 일꾼으로 세우고 천국 백성이 될 수 있습니다.

성령의 기름 부음을 받으면 민족을 제사장 민족으로 세울 수 있습니다.

> "너희는 거룩하신 자에게서 기름 부음을 받고 모든 것을 아느니라"(요일 2:20).

거룩하신 자는 예수 그리스도입니다. 이 말씀은 예수님이 보내 주신 성령으로 말미암아 모든 것을 깨닫게 하여 주신다는 것입니다.

> "너희는 주께 받은바 기름 부음이 너희 안에 거하나니 아무도 너희를 가르칠 필요가 없고 오직 그의 기름 부음이 모든 것을 너희에게 가르치며 또 참되고 거짓이 없으니 너희를 가르치신 그대로 주 안에 거하라"(요일 2:27).

하나님의 말씀을 강론하는 자들이 성령의 감동으로 기록되어진 성경을, 성령의 감동 없이 인간 지식으로 해석할 때, 기름 부음을 받은 자와 함께하는 성령이 하나님의 말씀을 훼손하는 것에 대한 거룩한 분노를 가지게 됩니다.

"우리는 최고의 설교를 들을 자격이 있습니다. 좋은 영적 지도자를 택하여야 합니다. 교회를 동정으로 다녀서는 안 됩니다. 내 영혼이 사느냐 죽느냐 하는 삶이기에 영혼의 양식인 하나님의 말씀을 아무렇게나 택할 수 없습니다. 음식도 몸에 좋은 것을 찾는데 영적 건강을 좌우할 영혼의 음식의 질도 최고를 선택하여야 합니다."(한 홍).

성도는 영적 감동을 줄 수 있는 설교자를 택하고, 내 영혼이 천국 가는 데 안내자를 잘 만나야 하고, 동행자를 잘 만나야 합니다.

구약 시대에 레위 지파는 거룩한 사역을 위하여 구별함을 받은 지파였습니다. 레위 지파는 성령의 임재 아래서 거룩한 성소에서 거룩한 사역을 하였습니다. 그들은 기름 부음을 받은 거룩한 백성으로 거룩한 자존감을 가지고 사명 의식으로 일하였습니다. 그들은 이렇게 고

백했습니다.

> "나는 이 세상에 속하지 않은 존재로 선택된 사람이다.
> 나는 하나님의 임재 안에 살도록 선별된 사람이다.
> 나는 하나님의 집에서 일하도록 부름 받은 사람이다"
> (미셸 코렐)

오늘날 신약을 사는 모든 성도들은 레위지파가 가진 자존감으로 살아야 합니다.

구약시대에 성막과 그 안에 있는 모든 기구에 거룩한 관유를 부어 성별하였습니다. 오늘날 하나님은 당신의 사역자들에게 기름을 붓고 거룩하게 구별하여 사용합니다.

특별히 말씀의 사역자들이나 교사와 찬양 사역자들은 성령의 임재를 구하여야 합니다. 찬양 사역자들은 성령의 임재 가운데서 오직 예수를 위한 찬양을 하여야 합니다.

어떤 행사의 프로그램으로 자기 욕심을 부리고 자기를 들어내기 위한 찬양은 사탄이 받아 간다는 것을 기억하여야 합니다. 교회가 노래방이 되어서는 아니 됩니다.

마태복음 24장은 종말장으로 마지막 때에 일어날 일들을 기록하고 있습니다.

"멸망의 가증한 것이 거룩한 곳에 선 것을 보거든"(마 24:15).

역사적으로 이 말씀이 이뤄지는 현장도 있을 것입니다. 그 일이 이뤄지기 전에 지금도 이런 일이 일어나고 있습니다.

거룩한 교회에서 전도라는 이름으로 성령이 없는 세상에 속한 유명 연예인들을 세워서 간증하게 하고, 그 간증에는 예수님으로부터 은혜 받은 것보다는 자기 자랑이 많고, 설교 시간에 세상 노래를 부르는 것은 멸망의 가증한 것이 거룩한 곳에 선 것입니다. 이런 것들은 사탄의 것이지 결코 주님의 것이 아닙니다.

세상 노래와 거룩한 찬양은 구분됩니다. 거룩한 성전에서 세상 노래가 찬양을 대신할 수 없습니다. 세상 노래와 찬양을 함께 부르면서 복음을 전한다면 듣는 귀는 즐거울지라도 생명은 없는 것이고 혼합된 것으로 마귀가 받아 가는 것이 됩니다.

"그러므로 우리는 두려워할지니 그의 안식에 들어갈 약속이 남아 있을지라도 너희 중에는 이르지 못할 자가 있을까 함이라"(히 4:1).

말을 잘한다고 설교를 잘합니까?
기름 부음이 있어야 합니다.

지식이 많다고 성경을 잘 가르칠 수 있습니까?
기름 부음이 있어야 그 지식이 생명력 있는 지식이 되고 사람을 구원시킬 수 있습니다.

노래 잘한다고 유행가 가수가 찬양하면 은혜 됩니까?
성령의 기름 부음이 있을 때 사람의 마음을 거룩한 영으로 움직이고 감동을 줍니다. 하나님의 사역은 절대적으로 성령의 기름 부음이 있어야 합니다.

성령의 기름 부음 받고, 능력을 받아서 나 자신을 위해서 살겠다는 사람은 기름 부음 받을 수 없습니다. 하나님의 역사를 바로 세우기 위해서 성령의 기름 부음이 필요하기 때문입니다.

지금 자신에 대해서 비관스럽게, 저주스럽게 생각하고 있는 분이 있습니까?

나 같은 인생이 무슨 일을 할 수 있을까? 열등감에 빠져있습니까?

내 인생에 무슨 아름다움이 있을까? 내가 나를 보아도 그렇고 그런 인생입니까?

내 문제를 가지고 싸우다가 내 인생을 끝내겠습니까?

기름 같은 성령의 임재가 있어야 합니다. 그러면 인생이 아름다워집니다. 인생이 보람되어집니다. 사람이 이기적인 것에 붙잡히면 나는 내 문제와 싸우다가 내 문제를 다 해결하지 못하고 그 인생은 끝이 나는 법입니다.

이 세대는 기름 같은 성령의 임재가 필요한 세대입니다. 그런데 왜 성령의 임재를 체험하지 못할까요?
사람들이 너무 이기적이기 때문입니다. 기도는 많이 하는데 너무 이기적으로 기도합니다.

"내 사업에 복 주십시오."

"내 아들 성공하게 하여 주십시오."

이런 기도는 위로는 받을 수 있습니다. 응답도 있습니다. 그러나 하나님 나라와는 거리가 멀고 성령의 기름 부음을 받을 수 없습니다.

기름 부음을 받으면 얼마나 그 특권이 얼마나 놀라운지 다음의 말씀들을 보십시오.

"그의 기름 부음을 받은 이에게 인자를 베푸시며"(시 18:50).

"여호와는 그들의 힘이시요, 그의 기름 부음 받은 자의 구원의 요새이시로다"(시 28:8).

"내가 내 기름 부은 자를 위하여 등을 예비하였도다"(시 132:17).

"주의 기름 부으신 자의 얼굴을 살펴보옵소서"(시 84:9).

"나의 기름 부은 자를 손대지 말며 나의 선지자들을 해하지 말라"(시 105:15).

"나의 기름 부은 자에게 손을 대지 말며 나의 선지자를 해하지 말라"(대상 16:22).

성령의 기름 부음이 있으면 하나님 나라를 위하여 많은 유익이 있습니다. 성령이 진리를 깨우쳐 주십니다.
어두운 세상길에 등을 예비하시고 밝혀주십니다.
하나님이 그 얼굴을 살피시고, 구원의 방패가 되어주십니다.
악한 마귀가 그를 해치지 못하도록 성령의 불 담으로 보호합니다.
기름 부음 받은 자를 해치려고 하면 하나님이 기뻐하지 않습니다.
하나님이 기름 부음 받은 자를 보호하고 지키십니다.

레위기와 출애굽기에 보면 제사장을 임직하는 데 4가지 절차가 있습니다.

"물로 그들을 씻겼습니다."(레 8:6)

"그 위에 속옷을 입히고 또 예복을 입혔습니다."(레 8:7)

"기름을 부어 거룩하게 했습니다."(레 8:12)

"단 위의 피와 관유를 취하여 아론과, 그 옷과, 그 아들들과, 그 아들들의 옷에 뿌리라 그와, 그 옷과, 그 아들들과, 그 아들들의 옷이 거룩하리라"(출 29:21).

<u>씻기고, 입히고, 기름 붓고, 거룩하게 구별했습니다.</u>
하나님은 우리 죄를 씻기시고,
의의 옷을 입히시고,
성령으로 기름 붓고,
거룩하게 구별했습니다.

그러므로 "기름 부음을 받은 사람에게는 강도 높은 기도생활과, 높은 수준의 사랑을 실천하는 삶이 필요합니다. 이런 삶을 살아야 하는 이유는 하나님이 영적인 일을 위하여 구별하여 놓으셨기 때문입니다."(기름 부음, Michelle Corral).

하나님은 어떤 사람에게 기름 붓는가?

다윗은 기름 부음 받은 자의 표상이 됩니다.

> "나의 보는 것은 사람과 같지 아니하니 사람은 외모를 보거니와 나 여호와는 중심을 보느니라"(삼상 16:7).

이 말씀은 사무엘이 이새의 아들들 중에서 장자 엘리압의 외모를 보고 그의 준수함에 감동을 받고 그에게 기름을 부으려고 하였을 때에 하나님께서 사무엘에게 주신 말씀입니다.

사람의 보는 것과 하나님의 보는 것이 다릅니다. 사람의 보는 것은 '외모'를 중요시합니다. 남자들은 결혼 대상으로 여자를 볼 때 우선 예쁜 것부터 봅니다. 여자들은 남자의 안정된 직업을 봅니다. 사람이 세상을 살아가는 데 첫인상이 좋고 외모가 잘생긴 사람은 많은 덕을 봅니다. 취직을 하는 데도, 대사관에서 비자를 받을 때도, 남녀가 결혼 조건으로 '선'을 볼 때도, 그 첫인상이 많은 영향을 줍니다.

사람은 옷 잘 입으면 돋보이게 되고, 그가 권세를 가졌으면 굽실거리게 되고, 좋은 차를 타고 큰집에 살면 성공한 것처럼 생각합니다. 사람은 그의 이력서가 화려하면 훌륭한 사람으로 봅니다. 박사 학위가 많으면 위대한 사람으로 봅니다.

그러나 하나님은 그런데 관심이 없습니다.

사람이 외모를 잘 꾸몄다고 하나님이 기뻐하시겠습니까?

하나님이 중심을 본다는 것은 바로 그 사람의 마음이 어디에 있느냐를 보는 것입니다.

오직 그 마음이 하나님에게 있는 사람을 봅니다.

하나님의 속성 중에는 '거짓'이 없습니다. 진실만이 있습니다. 거짓이 없는 하나님은 진실성이 없는 사람은 상대하지 않습니다.

사람이 진실하지 못하면 거짓 없는 하나님의 말씀이 거짓말 같이 생각되어져서 믿지를 못합니다. 그러나 사람이 진실하면 거짓말 같은 하나님의 말씀이 진실로 믿어집니다. 이단에 빠지는 사람의 대부분은 마음에 진실성이 없기 때문에 이단의 유혹에 빠집니다. 속에 탐심이 있다든지, 거짓말을 잘한다든지, 교만하든지 하면 우리를 미혹케 하는 영에 붙들리기 쉽습니다.

하나님은 그 초점이 하나님에게 있는 자에게 기름을 붓습니다.

다윗을 들에서 데려왔을 때 "눈이 빼어나고 얼굴이 아름답더라" 했습니다.

눈이 빼어났다는 것은 영적인 것입니다. 눈이 쌍꺼풀이 되어서 아름답더라는 이야기가 아닙니다.

> "내가 이새의 아들 다윗을 만나니 내 마음에 합한 자라 내 뜻을 다 이루게 하리라"(행 13:22).

구약성경에는 다윗을 향하여 한 이런 말이 없습니다. 이 말은 다윗을 해석하고 의역한 말씀입니다. "내 마음에 합한 사람"을 영어 성경에는 "내 마음과 같이 가는 사람"(A Man After My Heart)이라고 했습니다. 하나님의 마음과 같이 가는 사람이 하나님의 마음에 합한 사람입니다.

다윗의 눈은 항상 하나님을 향하고 있었다는 것입니다. 다윗이 죄를 짓고 매를 맞을 때도, 다윗은 진노하시는 하나님의 눈동자를 똑바로 보고 있었습니다. 하나님이 매를 가지고 때릴 때, 다윗은 하나님을 바라보며 그 팔에 매달렸습니다. 다윗의 마음은 세상으로 도망가지 않고 하나님과 함께 가고 있었습니다.

일이 잘되어서 형통하고 왕궁에 앉아서도, "내 집은 백향목 궁인데 하나님의 집은 천막으로 되어있구나! 내가 하나님의 집을 짓겠다"고 합니다. 하나님은 다윗의 그 마음에 감탄했던 것입니다.

　다윗은 어려울 때는 하나님 찾다가 돈 벌면 세상으로 가는 그런 사람이 아닙니다. 비천할 때는 하나님 찾다가 영광 받으면 인본주의로 가는 그런 사람이 아닙니다.
　다윗의 초점은 세상에 있지 아니했습니다. 다윗의 눈의 초점은 하나님의 눈동자에 맞추어져 있었습니다.
　다윗이 하나님께 눈동자를 맞추었더니 하나님의 사람 사무엘을 통하여 기름 부음을 받습니다.

　교만한 사람은 자기 우월감으로 사람을 봅니다.
　적개심을 가진 사람은 사람을 항상 싸움의 대상자로 봅니다.
　비뚤어진 사람은 사람을 볼 때 삐딱하게 봅니다.
　겸손한 사람은 오직 하나님을 봅니다. 겸손한 사람은 교만할 수 없고, 적개심 가질 수 없고, 가슴이 복잡하지도 않고 단순하고 순수합니다.
　내가 억울한 일을 당할 때도, 내가 영광을 받을 때도, 내가 멸시받을 때도, 오직 하나님만 바라보고, 참고, 견디고, 버팁니다.

우리는 중심이 깨끗하고, 진실하고, 무슨 일을 만나도 오직 하나님을 바라보고, 자기를 기도의 골방에 던져 훈련해야 합니다. 우리 모두가 이런 삶을 살아야 합니다.

이 시대는 성령의 기름 부음이 필요한 세대입니다. 하나님은 우리 모두에게 기름 붓기를 바랍니다.

성경은 기름 부음 받은 다윗에 대하여 이렇게 말했습니다.

"사무엘이 기름병을 가지다가 그 형제 중에서 그에게 부었더니 이날 이후로 다윗이 여호와의 영에게 크게 감동되니라"(삼상 16:13).

다윗의 삶은 순탄하지 아니하고 역경이 많았습니다. 그는 서자로 태어났습니다. 그의 어머니는 다윗이 어려서 죽었습니다. 이복형제들에게 미운 오리처럼 되었습니다. 그의 아버지는 그를 들로 보내어 양을 치게 하였습니다. 다윗은 그 들판에서 시간 나면 수금 타고, 시간 나면 돌팔매로 자기를 훈련하고, 시간 되면 바위틈에서 하나님께 기도하고, 오직 하나님만 묵상하며 살았습니다.

우리는 늘 주님 바라보는 지수가 다윗처럼 되어야 합니다.

내가 먹고사는 것에 행복하면 주님과 멀어질 수도 있습니다.

성령 받는 것도 중요하지만 의지적 결단으로 성령을 따라 살아가는 것이 더 중요합니다.

사무엘이 소년 다윗의 머리에 기름을 부어 이스라엘 임금이 되는 예식을 거행했습니다.

다윗에게 기름 부음이 있었습니다. 그때 다윗은 동시에 성령의 기름 부음을 받았습니다.

"이날 이후로 다윗이 여호와의 신에게 크게 감동되니라"

기름 부음 받은 다윗, 여호와의 신에게 크게 감동된 다윗입니다.

다윗이 기름부음 받기 전에는 볼품없는 시골 목동에 불과했습니다. 그는 자신을 시편에서 "비천한 자"라고 했습니다. 그의 가문은 목동의 가문이었습니다. 명문 가정이 아닙니다. 다윗의 여덟 형제들, 그 가운데서 말째요 다윗은 아직 어립니다. 그 아버지 이새까지도 기대하지 않았던 별 볼 일 없는 아이였습니다. 사무엘이 너의 아들들을 다 불러오라 했을 적에 말째 다윗은 불러오지도 않았습니다. 다윗은 안중에도 없었습니다.

사울 왕은 그 아들 요나단에게 다윗을 사귀지 못하게 하였습니다.

나발은 다윗과 다윗의 가문을 멸시하였습니다.

시므이는 다윗을 비루한 자라고 저주하였습니다.

그러나 다윗은 주변에서 정의한 인생으로 살지 않고 사무엘을 통하여 여호와 하나님이 보는 자기 정체성을 가지고 나는 하나님의 마음에 합한 자라는 긍지를 가지고 살았습니다.

다윗이 기름 부음 받고, 하나님의 신, 성령에 감동되었을 적에 하나님은 그를 존귀한 자로 만드셨습니다. 다윗은 사울을 이어 이스라엘의 임금이 되어 40년 간 나라를 다스렸습니다. 이스라엘의 통일왕국을 건설했고 세계를 제패한 왕이 되었습니다.

사무엘상 16장에서 기름 부음을 받고 17장에는 여호와의 신에 크게 감동된 다윗이 블레셋의 거장 골리앗을 물맷돌 하나로 쓰러뜨리는 이야기를 합니다.

다윗이 골리앗을 쓰러뜨리고 나라를 구원하니까 일약 유명하여졌지만 그에게는 혹독하리만큼 힘든 고난의 훈련이 계속되었습니다. 사울 왕이 다윗을 죽이려고 합니다. 다윗은 쫓기는 삶을 살아갑니다.

다윗 자신이 고백하기를 삶과 죽음 사이가 한걸음밖에 안 된다고 했습니다.

다윗이 이런 고난 받는 것을 하나님이 모르고 계십니까 ? 하나님이 다윗에게 고난을 허용하고 있습니다. 하나님은 그를 세워 무슨 일을 만나도 하나님만 붙잡도록 하였고 그를 통하여서 하나님 나라를 세우기를 원했기 때문입니다. 사탄은 다윗을 죽이려고 하지만 하나님은 성령의 불 담으로 다윗을 지켜주었습니다. 수많은 전쟁 가운데서도 하나님은 그를 지켜주시고 승리로 이끌어 주었습니다.

4. 인(도장, 반지) 같은 성령

"저가 우리에게 인치시고 보증으로 성령을 우리 마음에 주셨느니라"(고후 1:22).

"… 구원의 복음을 듣고 그 안에서 또한 믿어 약속의 성령으로 인치심을 받았으니"(엡 1:13).

인은 도장입니다. 변함없는 약속의 의미로 도장을 찍습니다.
인 같은 성령은 보증을 의미합니다.
하나님이 '너는 나의 소유이다' 하고 도장을 찍어 보증했다는 뜻입니다.

"하나님의 종들의 이마에 인치기까지 땅이나 바다나 나무들을 해하지 말라 하더라"(계 7:3).

"이마에 하나님의 인 맞지 아니한 사람들만 해하라 하시더라"(계 9:4).

성령은 하나님에게 소유된 백성에게 인을 치십니다. 성령의 인침을 받으면 말세에 해를 당치 않는다고 하였습니다. 말세가 될수록 이 땅에는 재난과 환난과 곤고함이 많아집니다.
예수님이 말세가 가까워질 때 이런 일이 일어날 것이라고 일러주었습니다.

"일월성신에는 징조가 있겠고 땅에서는 민족들이 바다와 파도의 성난 소리로 인하여 혼란 중에 곤고하리로다 사람들이 세상에 임할 일들을 생각하고 무서워하므로 기절하리니 이는 하늘의 권능들이 흔들리겠음이라"(눅 21:25-26).

민족들이 바다와 파도의 성난 소리로 혼란 중에 곤고해진다고 합니다.
바다와 파도의 성난 소리가 무엇일까요?

2004년 인도네시아 쓰나미가 왔습니다. 24만 명이 희생되었습니다.

2011년 3월 일본에 강도 9.7 지진과 쓰나미가 왔습니다. 민족이 곤고하여졌습니다.

세계적 재앙인 코빗은 세계적으로 수백만 명의 사망자를 기록했습니다.

2023년 2월에 튀르키예와 시리아를 덮친 강진으로 5만여 명의 사람들이 죽었습니다.

앞으로 세상에 천체의 변동이 오면 사람들이 무서워 기절할 것입니다.

예수님은 말세를 설명하시고 도장을 찍어 말씀했습니다.

"천지는 없어지겠으나 내 말은 없어지지 아니하리라. 너희는 스스로 조심하라 그렇지 않으면 방탕함과 술취함과 생활의 염려로 마음이 둔하여지고 뜻밖에 그날이 덫과 같이 너희에게 임하리라. 이 날은 온 지구상에 거하는 모든 사람에게 임하리라. 이러므로 <u>너희는 장차 올 이 모든 일을 능히 피하고</u> 인자 앞에 서도록 항상 기도하며 깨어 있으라 하시니라"(눅 21:33-36).

무엇으로 깨어 있어야 합니까?

말씀과 기도로 깨어 있고, 옳은 행실로 깨어 있어야 합니다.

깨어 있는 자는 등에 기름을 준비한 슬기로운 다섯 처녀이고, 깨어 있는 자가 장차 임할 환난을 피할 수 있고 성령의 인침 받은 백성입니다.

다니엘을 사자 굴에 던져 넣어도 천사가 사자의 입을 봉하고 해치지 못하게 하였습니다. 다니엘의 세 친구 사드락과 메삭과 아벳느고는 뜨거운 풀무 불 가운데서 보호함을 받았습니다.

이 시대는 재난의 재가 쏟아지는 시대입니다. 음란과 각종 우상숭배로 말미암아 그 어느 때보다 재난이 많습니다. 예기치 못한 사고와 사건들이 일어나고 있습니다. 이러한 시대에 성령의 인침을 받고, 하나님의 소유된 백성으로 살면서 사탄의 공격에서 보호함을 받아야 합니다.

우리는 지금 많은 환난과 천재지변을 보면서 살아가고 있습니다.

지난 수년간 코빗으로 인하여 백만 명 이상이 희생되었습니다. 이러한 환난에서 어떻게 보호함을 받을 수 있습니까?

예수의 피 권세 아래서 살아야 합니다.

이스라엘 백성이 애굽에서 탈출하기 전에 애굽에 내린 재앙은 애굽에 있는 모든 사람과 짐승의 초태생을 죽음의 사자가 치는 재앙이었습니다. 그 재앙에서 사는 길은 양의 피를 문지방과 문설주에 바르고 그 안에 들어가 있는 것입니다. 죽음의 사자가 피 뿌림 있는 집은 들어가지 않고 지나갔습니다. 환난과 재앙에서 보호받고 사는 길은 어린 양 예수의 피 권세입니다.

예수의 피 권세는 죄 사함의 권능입니다. 그리고 원수의 영이 예수의 피를 보고 무서워하며 도망가는 것이고 마귀의 공격에서 보호받는 것입니다. 그 길만이 환난에서 보호받는 길입니다. 날마다 예수의 피 권세를 믿고 고백하고 피를 뿌려야 합니다. 그 일이 성령의 인침 가운데 사는 것입니다.

마귀는 불화살을 쏘고 있습니다.

성경은 "악한 자가 쏘는 그 모든 불화살"(엡 6:16)을 언급하였습니다.

마귀의 불화살을 맞으면 어떻게 되는가?

1) 불화살을 맞은 사람은 회개할 시간도 없이 갑자기 죽을 수 있다는 것입니다.

사람이 죽기 전에 회개할 수 있는 기회가 주어지는 것은 복된 것입니다.

그런데 신앙생활은 그럭저럭하다가 죽을 때 회개할 기회도 없이 갑자기 죽는 것은 복이 아닙니다. 마귀의 불화살을 맞으면 그렇게 죽을 수도 있습니다.

> 하나님이 나를 침상에 던졌다면 하나님은 나에게 회개하고 천국 들어갈 수 있는 기회를 주신 것입니다. 하나님은 악한 자라도 죽는 것을 원치 아니하고 회개하고 사는 것을 원합니다. 하물며 믿는 자에게는 더욱 그 영이 멸망을 당하지 않고 천국 들어오기를 기대합니다. 회개가 이뤄져야 합니다. 바른 회개가 이뤄지면 천국에 들어갈 수 있습니다.

2) 사탄의 불화살을 맞으면 변질되어서 첫사랑을 잊어버립니다. 그런데 자신은 변질되었다는 것을 모릅니다. 내가 변질되었다고 아는 사람은 회개합니다.

내가 깨어 있지 못하고 빌빌거리다가 원수들이 쏜 '불화살'에 맞습니다. 그런데 불화살을 맞으면 순식간에 살을 파고드는 고통과 피가 흘러야 하는데, 마귀의 불화살의 특징은 내가 불화살을 맞았는지 안 맞았는지도 모른다는 것입니다. 그러나 그 화살의 '독'은 서서히 믿음이 떨어지게 합니다. 서서히 마음이 어두워지고, 소망은 사라지고 '불만'이 퍼지며 '의심'의 병에 걸립니다. 시간이 되면 '혼란과 갈등'이 생겨 '짜증의 고통'이 스며듭니다. 모든 게 싫어지고 '낙심'하게 됩니다. 그리고 가장 큰 특징은 첫사랑을 잃어버린다는 것입니다.

 예수님은 첫사랑을 회복하라고 하셨습니다.
 첫사랑을 회복한다는 것은 무슨 일을 하든지 예수 중심에서 하는 것입니다. 사는 것도 예수이고 죽는 것도 예수이어야 합니다. 살아오면서 예수는 믿는데 예수 없이 행한 것이 첫사랑을 잃어버린 것입니다. 첫사랑을 회복하라.
 예수 중심으로 하지 않은 것이 변질이고 무슨 일을 하든지 예수 중심으로 돌아오는 것이 첫사랑의 회복입니다.
 마음을 다하고 목숨을 다하고 힘을 다하고 뜻을 다하여 하나님을 사랑하는 것이 첫사랑입니다.

 사역자들이 영적인 능력과 은사를 받아서 집회와 사역을 늘려갑니다. 좋습니다. 그러나 집회하고 돈을 받기 시작하면 마귀에게 기회를 주게 됩니다.

복음을 돈 받고 팔기 시작하면 집요한 마귀의 영인 귀신들에게 공격의 기회를 주는 것이고, 결국은 원수가 원하는 길을 택하여 하나님의 뜻과 정반대 방향으로 갑니다. 그러다가 결국은 변질되어서 영원히 돌아서지 못하는 변질된 종이 됩니다.

내가 변질되었다는 것을 알면 회개해야 합니다. 불화살의 특징은 내가 변질되었다는 것을 모르고 이렇게 하는 것이 당연한 것이고 예수를 잘 믿는다고 생각한다는 것입니다.

성령 충만이 되면 믿음의 방패로 불화살을 막고, 오직 기도에 전념하고, 성령 충만을 받아 회개하고, 사랑으로 모든 것에 자유함이 있게 됩니다. 이런 사람은 예수가 빛으로 싸놓기 때문에, 사탄이 공격할 수도 없고 마귀가 그 영을 침범할 수도 없습니다.

천사의 사역은 믿는 사람을 보호하고 그 사람이 하는 일을 하나님께 보고합니다.

천사가 우리에게 할당된 것처럼 귀신도 우리에게 할당되었습니다.

마귀는 믿는 자들이 죄를 짓는 기회를 엿보고 있습니다. 죄를 지으면 마귀가 들어올 수 있는 기회를 준 것입니다.

어떤 사람은 마귀가 따라 다니는 사람이 아니라 아예 마귀가 타고 다니는 사람이 있습니다. 이런 사람은 마귀가 충동하면 언제 악한 일을 저지를지 모르는 사람입니다. 그에게는 재난이 따라다닙니다.

이 시대는 환난의 시대입니다. 이 환난의 시대에 사는 우리는 성령의 인침을 받아야 합니다. 성령의 인침을 받으면 하나님이 보호합니다. 천사를 보내어서 지켜주십니다.

하나님의 성령이 우리에게 인을 치니까 사탄도 모방해서 인을 칩니다. 사탄이 자기 것으로 인을 치는 것을 666이라고 합니다.

666은 죄를 짓는 자에게 마귀가 너는 내 것이다 하고 인을 치는 것입니다.

성령이 인을 치는 것은 영적인 것입니다. 그러니까 사탄도 흉내 내서 인을 치는데 그 인침은 물질적인 것이 아니라 영적인 것입니다. 내가 죄짓고 우상숭배하면 마귀는 666 인을 쳐서 자기 소유로 삼습니다. 그러나 성령의 인을 받으면 하나님의 소유 된 백성으로 성령이 보호합니다. 그러면 우리가 다 성령의 인을 받아야 하는데 어떤 사람에게 성령으로 인을 칩니까?

"너는 예루살렘 성읍 중에 순행하여 그 가운데서 행하는 모든 가증한 일로 인하여 탄식하며 우는 자의 이마에 표하라 하시고 나의 듣는데 또 그 남은 자에게 이르시되 너희는 그 뒤를 좇아 성읍 중에 순행하며 아껴보지도 말며 긍휼을 베풀지도 말고 쳐서 늙은 자와 젊은 자와 처녀와 어린아이와 부녀를 다 죽이되 이마에 표 있는 자에게는 가까이 말라 내 성소에서 시작할지니라 하시매 그들이 성전 앞에 있는 늙은 자들로부터 시작하더라"(겔 9:4-6).

에스겔 선지자 당시 너무나 많은 사람들이 하나님도 섬기면서 우상도 섬겼습니다. 그런 가운데서 성전 안에 있는 가증한 우상들을 보고, 이건 아니라고 탄식하고 우는 그 사람들에게 하나님은 인을 치라고 했습니다. 그리고 심판은 그 성전에서부터 시작되는데 인 맞은 자는 해치지 말라 했습니다.

죄로 인하여 통회하며 우는 자는 성령이 인을 치십니다.
회개가 중요합니다. 죄로 인하여 우는 사람은 삽니다.

예수님이 십자가를 지고 골고다로 가십니다.

많은 여인들이 주님을 애석하게 생각하고 울면서 따라갔습니다. 예수님은 발걸음을 멈추고 말씀했습니다.

"예루살렘의 딸들아 나를 위하여 울지 말고 너희와 너희 자녀를 위하여 울라"(눅 23:28).

너 자신이 천국 백성이 되기 위하여 울어라.
너에게 있는 죄를 떨쳐내기 위하여 울어라.
네 자녀들이 하나님의 나라를 상속받기 위하여 울어라.
울어야 산다. 울어야 죄가 씻긴다.
눈물이 메말랐으면 부드러운 마음을 달라고 기도하라.

이 시대는 재난의 재가 쏟아지는 시대입니다. 음란과 각종 우상숭배로 말미암아 그 어느 때보다 재난이 많습니다. 예기치 못한 사고와 사건들이 일어나고 있습니다. 이러한 시대에 성령의 인침을 받고, 하나님의 소유된 백성으로 살면서 사탄의 공격에서 보호함을 받아야 합니다.

"내 백성아 거기서 나와 그의 죄에 참여하지 말고 그가 받을 재앙들을 받지 말라 그의 죄는 하늘에 사무쳤으며 하나님은 그의 불의한 일을 기억하신지라"(계 18:4-5).

사탄의 작전 중 하나는 기도하는 종들을 기도하지 못하게 파괴하는 것입니다. 사탄은 세상 것을 이용해서 기도하는 종들에게 시간을 빼앗아 예수와 거리가 먼 생활을 하게 합니다. 세상 문화는 인류의 삶을 편리하게 하였으나 바쁘기는 이전보다 더욱 바쁘게 만들었습니다.

청소년은 물론이고, 불신자만이 아니고, 믿는 자들도 세상 문화와 연속극, 인기 있는 연예인들과 스포츠, 스타들 구경하기, 스마트 폰을 보는 시간이 기도하는 시간보다 월등히 많아졌습니다. 이런 것에 마음을 빼앗기면 사탄이 들어올 수 있도록 마음 문을 여는 것입니다. 성령 충만 받고 기도하는 자는 그런 것에 시간을 빼앗기지 않습니다.

사탄은 미혹의 영으로 역사합니다. 세상은 미혹의 영들로 가득 차 있습니다. 우리가 성령 충만이 되지 않아서 세상의 것에 마음을 빼앗기는 순간 미혹의 영에 붙잡히게 됩니다. 특별히 사탄은 이 시대에 물질과 음란과 명예로 미혹하고 세상 것을 잡게 합니다. 천국에 들어가기를 원하는 자는 세상 것을 다 내려놔야 합니다. 돈, 물질, 명예, 탐욕, 정욕 다 내려놓고 오직 예수만 잡고, 예수가 걸어간 좁을 길을 걸어야 합니다.

"하나님의 성령을 근심하게 하지 말라 그 안에서 너희가 구원의 날까지 인 치심을 받았느니라 너희는 모든 악독과 노함과 분냄과 떠드는 것과 비방하는 것을 모든 악의와 함께 버리고 서로 친절하게 하며 불쌍히 여기며 서로 용서하기를 하나님이 그리스도 안에서 너희를 용서하심과 같이 하라"(엡 4:30).

성령의 인침을 받은 자는 성령을 근심시키지 말아야 합니다.
성령을 근심시키는 것은 내 속에 분을 품거나 남을 비방하거나 악한 생각을 가지고 있으면 성령을 근심하게 하는 것입니다. 또 사람에 대한 긍휼이 없고 용서하지 않는 것도 성령을 근심시키는 것입니다.

성령이 왜 근심하겠습니까?
이러다가는 구원에서 낙오되기 때문에 근심하는 것입니다.

5. 비둘기 같은 성령

"예수께서 세례를 받으시고 곧 물에서 올라오실새 하늘이 열리고 하나님의 성령이 비둘기같이 내려 그 위에 임하였다"(마 3:16).

구약시대 하나님께 바쳐진 대표적인 제물은 '양'입니다. 그러나 임금이나 제사장 또는 부자가 번제를 드릴 때는 황소를 드리도록 규정했고, 족장은 양이나 염소를 드리고, 일반 백성은 자기 능력껏 드리되 양이나 염소를 드렸습니다. 양이나 염소를 드릴 수 없는 가난한 백성은 산비둘기나 집비둘기를 드리도록 하였습니다.

비둘기는 많은 새 중에서도 유일하게 하나님에게 바쳐지는 제물로서 사용된 새입니다.

공작같이 아름다운 새도 있습니다. 그 새가 아름다워도 공작은 교만의 상징이므로 하나님 앞에 제물은 될 수 없습니다.

꾀꼬리같이 아름다운 소리를 내는 새도 있지만 꾀꼬리가 제물로 사용되지는 못했습니다.

독수리같이 힘센 새도 있지만 독수리가 제물은 될 수 없었습니다. 하나님 앞에 제물로 사용된 새는 유일하게도 비둘기였습니다.

하나님께 바쳐진 제물은 언제나 내 죄를 대신하여 제물을 희생시킨 것입니다.

예수에게 비둘기 같은 성령이 임했다는 것은 다른 사람을 '대신하여' 자기를 희생하는 제물이 되겠다는 뜻입니다.

비둘기 같은 성령을 받은 자는 온유하고 순결합니다.

예수님처럼 자기를 내어주어 섬기고 희생함을 즐거움으로 삼습니다.

"나는 마음이 온유하고 겸손하니 나의 멍에를 메고 내게 배우라 그리하면 너희 마음이 쉼을 얻으리라"(마 11:29).

"인자가 온 것은 섬김을 받으려 함이 아니라 도리어 섬기려 하고 자기 목숨을 많은 사람의 대속물로 주려 함이니라"(마 20:28).

"너희 중에 큰 자는 젊은 자와 같고 다스리는 자는 섬기는 자와 같을지니라"(눅 22:26).

다스리는 자, 지도자는 온유하고 섬기는 자이여야 합니다. 온유하지 못하고 거칠거나, 유화하지 못하여 화평을 깨거나, 겸손하지 못하고 자만심이 있거나, 다른 사람에 대하여 우월감과 거만한 마음을 가진 자는 결코 지도자로서 자질이 부족한 사람입니다.

태평양 전쟁이 일본의 패배로 끝나는 것이 거의 확실시되던 1945년, 만주와 중국 땅에 남아 있던 20만이 넘는 일본인들은 두려움에 떨었습니다. 한시라도 빨리 철수하여 본국으로 돌아가고 싶었지만, 성난 중국 사람들의 민심이 그들을 곱게 보내 줄 리가 없었습니다. 수년간 일본인들이 중국 만주에서 저지른 만행은 실로 끔찍했던 것입니다. 수십만 중국인을 죽였고 겁탈하고 고문했습니다. 이제 입장과 처지가 바뀌었습니다. 일본은 전쟁에 패전으로 기울어졌습니다. 중국인들이 순순히 일본 사람들을 보낼 리가 없습니다. 그런데 중국 국민정부 장개석 주석은 돌아가는 일본인을 해하지 말고 보내라는 명령을 내렸습니다. 그는 이렇게 말했습니다.

"일본인들이 우리 중국인들에게 저지른 만행을 생각하면 치가 떨린다. 그러나 지금도 일본의 죄를 사죄하며 우리 중국을 위해 기도하고 있을 가가와 도요히꼬 선생을 생각하면 일본인들에게 차마 보복할 수 없다."

한 사람의 중보기도가 중국의 지도자 장개석의 가슴을 녹였던 것입니다. 그 기도 때문에 중국에서 살던 20만 일본인들이 자기 나라로 안전하게 돌아갈 수 있었습니다.

가가와 도요히꼬는 비둘기 같은 성령이 함께하였기에 중국을 품고 기도하였고, 그 기도의 응답으로 일본인들이 살해당하지 않고 귀국할 수 있었습니다.

또 비둘기는 화평과 유화와 순결을 상징하는 새입니다. 비둘기는 성질이 온순하고 유화합니다. 독수리나 사자가 사납고 강인한 동물이라면 양이나 비둘기는 약하고 순한 동물입니다. 다른 동물이나 새들은 자기 새끼를 해치면 무섭게 으르렁대며 새끼를 보호하지만, 약하고 순한 비둘기는 안달하며 슬퍼할 뿐입니다.

 닭은 한 마당에서 같이 놀다가도 서로 싸우고, 개는 먹이를 놓고 으르렁거리며 물고 찢으나 비둘기는 싸우지 않습니다. 큰 무리가 떼 지어 살면서도 평화롭게 어울립니다.
 예수님은 제자들을 파송하며 "보라 내가 너희를 보냄이 양을 이리 가운데 보냄과 같도다 그러므로 너희는 뱀같이 지혜롭고 비둘기같이 순결하라"고 했습니다.
 양이 이리 가운데 가면 찢기어 죽습니다. 그때 같이 대항하고 싸우지 말고 순결한 비둘기가 되라는 것입니다.

비둘기 같은 성령 받은 사람은 진리를 마음에 품습니다. 악에 물들지 않습니다.

 비둘기 같은 성령을 받은 사람은 결코 이기심으로 보복하지 않습니다. 어쩌면 바보같이 순진합니다. 그러나 하나님은 영특하게 잔머리 굴리는 사람보다 바보같이 순진한 사람을 좋아합니다.

예수님은 "나는 마음이 온유하고 겸손하니 내 멍에를 메고 내게 배우라" 하였습니다. 성령의 사람은 온유합니다. 성령의 사람은 화평을 도모하며 순결한 사람입니다. 비둘기 같은 성령이 임하면 성결의 영으로 충만하고 평화의 사람이 되고 희생과 섬김의 삶을 살 수 있습니다.

어떤 부인은 남편 개발 5개년 계획을 만들었답니다. 남편의 모든 단점을 확실하게 고쳐 보겠다고 나섰습니다. 그 결과 부부관계는 더 나빠지고 남편은 더욱 소심해지고 결국 남는 것은 이혼을 고려해 보는 것밖에 남는 것이 없었다는 것입니다.

사람은 칭찬하고 격려하고 인정하여 주고 사랑하고 섬길 때 변합니다.
세계적인 복음 전도자 빌리 그래햄 목사가 세상을 떠났습니다. 빌리 그래햄 목사의 사모님은 평소에 빌리 그래햄에 대해서 이렇게 말했습니다.

"빌리 그래햄을 변화시키는 일은 하나님이 하실 일이고 내가 할 일은 빌리를 사랑해 주는 것입니다."

비둘기 같은 성령이 있는 사람이 가정을 세웁니다. 교회를 세웁니다. 사람을 변화시킵니다.

비둘기 같은 성령을 받은 자는 유화하고 온유하고 순결합니다.

비둘기 같은 성령을 받은 자는 자기를 내어주어 섬김과 희생을 기쁨으로 누립니다.

이런 사람이 하늘의 상급이 크고 많습니다.

일제 강점기에 신사참배를 거절하고 감옥에 간 사람들이 해방이 되자 감옥에서 나왔습니다. 그들의 신앙이 얼마나 훌륭합니까! 그런데 한 가지 흠이 있었습니다. 신앙의 교만이었습니다.

감옥에서 나온 그들은 신사에 참배한 사람과는 함께 신앙생활을 못하겠으니 목사 장로는 교회에서 사임하고 6개월 동안 근신하라고 요구했습니다. 그러나 감옥에 있었던 사람보다 감옥에 가지 않고 신사에 참배한 사람의 수가 더 많았습니다.

그들은 말하기를, "당신들만 고생했느냐? 우리도 밖에서 교회 지키느라고 고생했다"고 하면서 버텼습니다. 그래서 신사에 참배하지 않은 일부 사람들이 모여서 교단을 만들자 하고 만든 것이 재건파 교단입니다. 지금은 아주 미약합니다.

죄를 짓고서도 회개하지 않는 사람도 못 봐주지만, 별것 아닌 것 가지고도 교만한 사람도 정말 못 봐 줍니다.

경북 안동읍 교회 이원영 목사님은 신사에 참배하지 않은 이유로 감옥에 갔다가 해방이 되어 나왔습니다. 해방 후 목사 장로들이 모여서 신사참배 한 것을 회개하는 집회를 가졌습니다. 그러나 그 집회에 성령의 감동이 없었습니다. 서로 정죄하면서 회개하라고 하는데 성령의 감동이 있겠습니까?

5일째 되는 새벽에 김윤찬 목사님이 신사에 참배하지 않고 감옥에서 고생하다가 나온 이원영 목사님을 소개하면서 "이 목사님은 신사에 절하지 않고 끝까지 믿음을 지킨 분"이라고 칭찬했습니다. 그때 이원영 목사님은 이렇게 대답했습니다.

"내가 한 일은 하나도 자랑할 것이 없습니다. 나는 목사로서 마땅히 하여야 할 일을 한 것뿐입니다."

이 말 한마디에 그 집회에 참석했던 분들이 눈물로 회개했습니다.

회개하라고 외친 것보다 "목사로서 마땅히 하여야 할 일을 한 것뿐입니다."라는 그 말에 장로 목사가 되어서 마땅히 지켜야 할 말씀을 지키지 못한 자기를 돌아보면서 회개가 터졌던 것입니다. 감옥에 갔던 사람들도 하나님의 말씀을 지킨 것뿐인데, 그 일이 그렇게 대단하다고 자만했던 것을 회개하였습니다.

비둘기는 순결과 온순함과 희생 제물을 상징하는 새입니다.

비둘기 같은 성령을 받은 자는 온유하고 순결합니다.

온유한 자가 땅을 기업으로 받습니다.

비둘기 같은 성령을 받은 자는 자기를 내어주어 섬김을 기쁨으로 누립니다.

예수님은 뱀 같이 지혜롭고 비둘기 같이 순결하여지라고 하였습니다.

6. 생수 같은 성령

이스라엘에 초막절 명절이 되었습니다. 초막절 명절에 예수는 예루살렘 성전에 갔습니다. 사람들은 초막절 행사를 하고 있었습니다. 실로암에 가서 물을 길러서 예루살렘 성전의 물두멍에 붓는 의식이 있었습니다. 예수는 그 사람들을 보면서 외쳤습니다.

"누구든지 목마르거든 내게로 와서 마셔라 나를 믿는 자는 성경에 이름과 같이 그 배에서 생수의 강이 흘러나리라"(요 7:37 - 38).

"너희들이 실로암에서 물을 길러 성전에 부어도, 부어도, 너희 마음속에 있는 갈증을 해결하지 못하고 있지 않느냐. 나를 믿으라. 그러면 너희가 그렇게 받기를 소원하는 성령이 물 붓듯

임할 것이다."

배에서 생수의 강이 흘러 난다는 것은, 너희 안에 있는 성령의 역사로 말미암아 다른 사람에게 예수의 거룩한 영향을 미치게 한다는 말씀입니다.

> "내가 주는 물을 마시는 자는 영원히 목마르지 아니하리니 내가 주는 물은 그 속에서 영생하도록 솟아나는 샘물이 되리라"(요 4:14).

'마시라'는 단어는 현재진행형 동사입니다. 한 번만 마시고 마는 것이 아니라 매일 매일 마시라, 마시고 또 마시라는 것입니다.

예수의 영, 성령이 임하면 내 몸에서 사람을 살리는 생수의 강이 흘러나갑니다.

세상에 영향을 줍니다. 세상을 살리는 예수 영향을 주게 되어 있습니다. 그런데 내게 성령이 메마르니까 내가 세상에 영향을 주는 사람이 아니라, 세상 풍조와 세속적인 것, 이런 것의 영향을 받습니다. 그러므로 마귀가 나를 우습게 보는 것입니다.

바울은 세상에 예수 영향을 크게 준 사람입니다.

그가 가는 곳에는 문화가 바뀌고 역사가 바뀌었습니다. 사도행전에 보니까 대제사장이 바울을 로마 총독에게 이렇게 고소합니다.

"이 사람은 염병이라 천하에 퍼진 유대인을 다 소요케 하는 자
요 나사렛 이단의 괴수라"(행 24:5).

옛날에는 염병이 한번 돌면 전염이 되어서 그 마을 전체가 염병으로 쓰러져 죽어 나갔습니다. 염병으로 죽은 사람은 시체를 땅에 묻지도 않고 불에 태웠습니다. 대제사장이 바울을 바르게 이해하였습니다. 바울은 염병 같은 사람입니다. 대제사장이 나쁜 것으로 그를 비유해서 유감입니다만, 바울이 들어가면 샤머니즘 문화가 기독교 문화로 바뀌고, 유대주의자가 그리스도인으로 바뀌었습니다. 회개가 일어나고 귀신이 쫓겨나갔습니다. 귀신이 쫓겨나갈 적마다 귀신은 괴로워서 발작했습니다. 그리고 믿는 자에 대한 핍박이 겸하여 일어났습니다. 이것은 그 배에서 생수가 흘렀기 때문입니다. 그리스도의 영으로 충만했기 때문입니다. 생수의 강이 배에서부터 흘러 다른 사람이 이 생수를 마시게 됩니다.

사막에서 물을 제대로 마시지 못하면 어떻게 될까요?

당장 생각이 흐트러지고, 피부가 마르기 시작하고 몸의 중요한 장기들이 제대로 작동하지 못할 것입니다. 그와 똑같은 현상으로 하나님의 말씀을 충분히 흡수하지 못한 영은 감정이 메마르고, 예민해지고, 분노와 짜증이 수시로 나옵니다. 근심과 죄책과 두려움과 절망이 밀려옵니다. 외로움과 한스러움과 불안감으로 가득한 영이 됩니다.

생수 같은 성령을 받은 사람은 다른 사람에게 예수 그리스도의 영향을 주는 사람입니다.

10대 자녀들이 얼마나 감수성이 예민합니까?

그들은 세상의 나쁜 영향을 받을 수 있는 환경에 놓여 있습니다. 폭력과 더러운 욕설, 음란, 동성애, 대마초, 마약, 이런 것들이 그대로 주위에 노출되어 있습니다.

이 땅의 부모님들은 저들을 위해서 기도하여야 합니다.

"하나님 아버지, 저들이 세상으로부터 어둠의 영향을 받지 않고 오히려 세상에 예수 영향을 줄 수 있는 자녀들이 되게 하옵소서!"

생수 같은 성령을 받으면 내 속에서 솟아나는 기쁨이 있고 위로부터

오는 평안이 있습니다. 세상은 결코 줄 수도 없고 뺏어 갈 수도 없는 평안이 있습니다.

"평안을 너희에게 끼치노니 곧 나의 평안을 너희에게 주노라 내가 너희에게 주는 것은 세상이 주는 것과 같지 아니 하니라"(요 14:27).

뿐만 아니라 풍성한 하나님의 은혜가 넘쳐흐릅니다. 예수 이름의 권세와 능력이 나타나서 다른 사람에게 예수를 전할 수 있는 전도의 능력을 받게 됩니다.

"많은 사람을 옳은 대로 돌아오게 한 자는 별과 같이 영원토록 빛나리로다"(단 12:3).

예수님이 야곱의 우물가에서 남편을 다섯 번이나 바꾸어가면서 살던 사마리아 여인을 만났습니다. 예수님은 그녀에게 물을 좀 달라 하면서 영원히 목마르지 아니하는 생수 같은 성령을 주시기를 원했던 것입니다. 그래서 그 먼 길을 걸어 야곱의 우물가에서 그 여인을 기다렸던 것입니다. 예수님과 사마리아 여인과의 대화는 이렇게 전개

됩니다.

"여자여, 물 좀 달라"

"당신은 유대인으로서 어찌하여 사마리아 여자인 나에게 물을 달라 하나이까?"

"네가 만일 하나님의 선물과 또 네게 물 좀 달라 하는 이가 누구인 줄 알았더라면 네가 그에게 구하였을 것이요 그가 생수를 네게 주었으리라."

"주여, 물길을 그릇도 없고 이 우물은 깊은데 어디서 당신이 그 생수를 얻겠습니까? 우리 조상 야곱이 이 우물을 우리에게 주셨고 또 여기서 자기와 자기 아들들과 짐승이 다 마셨는데 당신이 야곱보다 더 크니이까?"

"이 물을 마시는 자마다 다시 목마르려니와 내가 주는 물을 마시는 자는 영원히 목마르지 아니하리니 내가 주는 물은 그 속에서 영생하도록 솟아나는 샘물이 되리라."

"주여 그런 물을 내게 주사 목마르지도 않고 또 여기 물 길으러 오지도 않게 하옵소서."

"가서 네 남편을 불러오라."

"나는 남편이 없나이다."

"네가 남편이 없다 하는 말이 옳도다. 너에게 남편 다섯이 있었고 지금 있는 자도 네 남편이 아니니 네 말이 참되도다."

"주여 내가 보니 선지자로소이다. 우리 조상들은 이 산에서 예배하였는데 당신들의 말은 예배할 곳이 예루살렘에 있다 하더이다."

"여자여 내 말을 믿으라. 이 산에서도 말고 예루살렘에서도 말고 너희가 아버지께 예배할 때가 이르리라. 너희는 알지 못하는 것을 예배하고 우리는 아는 것을 예배하노니 이는 구원이 유대인에게서 남이라. 아버지께 참되게 예배하는 자들은 영과 진리로 예배할 때가 오나니 곧 이때라 아버지께서는 자기에게 이렇게 예배하는 자들을 찾으시느니라. 하나님은 영이시니 예배하는 자가 영과 진리로 예배할지니라."

"메시야 곧 그리스도라 하는 이가 오실 줄을 내가 아노니 그가 오시면 모든 것을 우리에게 알려 주시리이다."

"네게 말하는 내가 그라 하시니라."

여자가 물동이를 버려두고 동네로 들어가서 사람들에게 말했습니다.

"내가 행한 모든 일을 내게 말한 사람을 와서 보라 이는 그리스도가 아니냐 하니 그들이 동네에서 나와 예수께로 오더라."

이 여자는 예수님과 대화하며 죄 문제를 지적받았습니다. 그녀에게서 남편 문제는 숨기고 싶은 문제였습니다. 그러나 죄가 드러났을 때 그녀는 죄 문제를 해결 받을 수 있는 예배와 죄를 용서해 줄 수 있는 구원자 메시야를 찾았습니다. 그 메시야는 지금 자기 앞에 있었습니다. 생수 같은 성령을 받은 그 여자는 속에서 솟아나는 사죄의 감격과 기쁨이 넘쳐났습니다. 그녀는 물동이를 우물가에 남겨둔 채 동리에 들어가서 "내가 만난 예수, 나의 모든 것을 다 아는 그 분을 와서 보라"

하고 많은 사람을 데리고 예수에게로 인도하여 왔습니다.

생수 같은 성령을 받은 자는 속에서 솟아나는 기쁨이 있습니다. 많은 사람에게 예수의 영향을 줄 수 있게 됩니다. 전도자는 생수 같은 성령을 받아야 합니다.

Chapter 4
이렇게 좋은 성령을 어떻게 받을 수 있는가?

Chapter 4

이렇게 좋은 성령을 어떻게 받을 수 있는가?

첫째는 예수 그리스도를 믿고 죄 용서함을 받아야 합니다.

"너희가 각각 예수 그리스도의 이름으로 세례를 받고 죄 사함을 받으라 그리하면 성령을 선물로 받으리라"(행 2:38).

성령은 거룩한 영이기에 죄와 함께 할 수 없습니다. 죄는 불결한 것이고 더러운 것입니다.

성령을 받으려면 회개가 우선입니다. 회개는 하지 않고 은사를 구하면 마귀가 거짓 은사를 줍니다.

그래서 마귀가 방언을 흉내 내고, 마귀가 보여주는 가짜 환상이 있고, 하나님의 음성을 듣는 것이 아니라 마귀가 주는 음성을 하나님의 음성으로 인식시켜 듣게 하는 환청이 있습니다. 회개가 우선입니다.

둘째는 사모하며 기도하여 구하라.

"대저 내가 갈한 자에게 물을 주며 마른 땅에 시내가 흐르게 하며 나의 신을 네 자손에게 나의 복을 네 후손에게 내리리니"(사 44:3).

"구하는 자에게 성령을 주시지 않겠느냐"(눅 11:13).

구하여야 합니다. 사랑을 구하고 은사 능력도 사모하고 구하여야 합니다. 사모하고 구하는 자에게 성령을 선물로 주십니다.

"나의 사랑하는 자들이 나의 사랑을 입으며 나를 간절히 찾는 자가 나를 만날 것이니라"(잠 8:17).

"나는 내 백성의 기도에 응답할 준비를 하고 있었지만, 내 백성은 아직도 내게 요청하지 않았다. 누구든지 나를 찾으면, 언제든지 만나려고 준비를 하고 있었지만, 아무도 나를 찾지 않았다. 내 이름을 부르지도 않던 나라에게, 나는 '보아라, 나 여기 있다. 보아라, 나 여기 있다' 하고 말하였다."(새번역 - 사 65:1).

믿는 백성들이 너무나도 기도를 하지 않으니까 하나님은 너무나 답답해서 믿지 않는 백성에게 "나 하나님이 살아 있다. 너희는 기도할래? 내가 여기 있다. 나에게 구하라."고 말씀했다는 것입니다.

"우리가 기도할 때 하나님은 우리 안에 있는 독을 씻어줍니다. 사람은 사람에게 이리와 같이 잔인하다고 토마스 홉스라는 사람이 말했습니다. 사람만큼 사람에게 상처 주는 존재가 없습니다. 크리스천들도 질투, 교만, 자기 과시, 분냄, 혈기의 독을 품고 있습니다. 상처받으면 더 사나워집니다. 맞받아치면 더 독한 독을 내뿜습니다. 이 악순환이 어디에서 멈춥니까? 기도에서 멈춥니다. 기도할 때 하나님은 우리 안에 맺힌 증오, 분노, 짓밟힌 자존심을 소리 없이 씻어내십니다. 기도는 비전의 산실입니다. 사람은 빵이 없어 죽는 것이 아니라 꿈이 없어 죽습니다."(한 홍, 시간의 마스터).

오늘날 주님으로부터 기름 부음을 받고 거룩하게 구별된 삶을 살아내고, 지혜와 총명의 신이 우리와 또 자녀들에게 함께 하시고 성령의 능력이 파도치는 하나님의 사람이 되어야 하겠습니다.

셋째, 말씀에 순종하라.

"하나님이 자기를 <u>순종하는 사람들에게 주신 성령도</u> 그러하니라"(행 5:32).

하나님은 말씀에 순종하는 것을 그렇게 기뻐하십니다.
사울 왕이 하나님의 말씀에 불순종했을 때 사무엘 선지자는 사울 왕을 책망했습니다.

"사무엘이 이르되 여호와께서 번제와 다른 제사를 그의 목소리를 청종하는 것을 좋아하심 같이 좋아하시겠나이까 ? 순종이 제사보다 낫고 듣는 것이 숫양의 기름보다 나으니 이는 거역하는 것은 점치는 죄와 같고 완고한 것은 사신 우상에게 절하는 죄와 같음이라 왕이 여호와의 말씀을 버렸으므로 여호와께서도 왕을 버려 왕이 되지 못하게 하셨나이다."(삼상 15:22-23).

말씀에의 순종은 행함입니다. 행함이 없는 믿음은 죽은 믿음입니다.

죽은 믿음으로는 하나님을 기쁘시게 할 수 없습니다.
성령은 아버지의 영이기 때문에 성령이 임하면 아버지의 마음이 나에게 느껴집니다. 아버지의 마음이 있는 곳에 나의 눈길이 가고, 아버지의 눈이 머무는 그곳에 나의 손길이 갑니다.

넷째, 말씀을 들을 때 성령을 받는다.

"베드로가 이 말을 할 때에 성령이 말씀 듣는 모든 사람에게 내려오시니"(행 10:44).

성령은 말씀과 함께 역사합니다. 말씀을 들을 때, 말씀을 읽을 때, 그리고 뜨겁게 찬양할 때, 그 말씀과 찬양 속에서 자기와 맞닿는 상황이 됐을 때 성령의 역사로 말미암아 회개의 심령이 터집니다. 성령은 말씀과 함께 역사합니다.

말씀의 범주를 떠난 영의 역사는 사탄의 역사입니다.

은사 능력이 말씀을 벗어나면 사탄에게 이용당합니다.

다섯째, 성령 충만한 자가 안수할 때 성령을 받습니다.

성경에는 안수하는 것을 여러 곳에서 볼 수 있습니다.

> "두 사도가 저희에게 안수하매 성령을 받는지라"(행 8:17).

> "바울이 그들에게 안수하매 성령이 그들에게 임하시므로 방언도 하고 예언도 하니"(행 19:6).

병자에게 안수해서 성령의 능력으로 병을 고치고, 능력자들이 안수하니까 성령을 받았습니다.

> "모세가 눈의 아들 여호수아에게 안수하였으므로 그에게 지혜의 신이 충만하니"(신 34:9).

모세가 죽기 전에 그를 시중들든 여호수아에게 안수하였습니다. 그랬더니 모세에게 있던 지혜의 신이 여호수아에게 전이되었습니다. 여호수아가 지혜와 성령으로 충만해졌습니다. 그랬더니 모든 이스라엘 백성이 여호수아에게 순종하는데 모세에게 순종한 것처럼 순종하였습니다.

이런 말씀을 참고하여 보면 안수하니까 복도 받고, 안수하여 병도 고치고, 안수하니까 성령이 임하여 방언도 하고 능력도 받고, 안수하여 사명자로 세우기도 하였습니다. 안수는 좋은 것입니다. 좋은 것일수록 남발하면 아니 됩니다. 안수받는 사람이 안수받을 수 있는 준비가 되어야 하고 안수하는 사람도 안수할 수 있도록 준비되어야 합니다.

성령은 받아도 되고 안 받아도 되는 것이 아닙니다. 그리스도인은 성령을 구하고 성령을 받고 성령의 사람으로 살아가야 합니다. 성령의 음성에 민감한 그리스도인이 되어야 합니다.

환난 - 성령의 인치심을 받으라

초판 1쇄 발행 2023. 05. 05.

지은이   한의택
펴낸이   박성숙
펴낸곳   도서출판 예루살렘
주 소   10252 경기도 고양시 일산동구 고봉로 776-92
전 화   031-976-8970
팩 스   031-976-8971
이메일   jerusalem80@naver.com
등 록   (제59호) 2010년 1월 18일
창립일   1980년 5월 24일

ISBN   978-89-7210-573-2 03230
책값은 뒤표지에 있습니다.

도서출판 예루살렘은 말씀과 성령 안에서 기도로 시작하며
영혼이 풍요로워지는 책을 만드는 데 힘쓰고 있습니다.

나의 힘이신 여호와여 내가 주를 사랑하나이다(시 18:1)

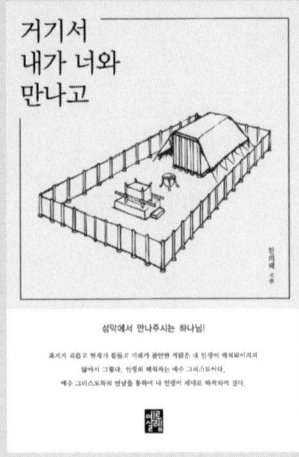

한의택 목사의 저서 1
거기서 내가 너와 만나고

과거가 괴롭고 현재가 힘들고 미래가 불안한 까닭은 내 인생이 해석되어지지 않아서 그렇다. 인생의 해석자는 예수 그리스도이시다. 예수 그리스도와의 만남을 통하여 내 인생이 해석되어 진다.

한의택 목사의 저서 2
예수가 성전이다

오늘날 사람들이 하나님께 예배드리는 예배당을 성전으로 우상화시키고 있다. 이 집은 예배드리는 집, 예배당이지 성전이 아니다. 이곳은 하나님께 기도하는 집이요 예배하는 집이다. 성전은 예수님 자신이다.

한의택 목사의 저서 3
성막과 절기를 알면 예수가 보인다

성막은 연구할수록 심오하고 풍성한 진리의 산실이다. 성막을 통하여 예수 그리스도의 십자가의 구속, 중생, 성화, 봉사론, 직분론, 기도론 등에 대하여 하나님의 뜻을 계시하고 있다. 또한 성막에는 예나 지금이나 변함없는 지고한 하나님의 법의 정신이 신약을 살아가는 우리의 삶의 태도와 방향을 제시하고 있다. 또한 성경에 나오는 절기(유월절, 무교절, 초실절, 칠칠절, 오순절, 성령 강림절, 초막절, 장막절, 나팔절, 수장절, 부림절, 수전절, 희년)들을 분류하고 그 절기의 구속사적 의미를 설명하여 신약을 살아가는 현대인들이 이해하여 적용할 수 있도록 하였다.